MARTA PIOTROWSKI

POLEN

-KOCHBUCH-

WirmachenDruck.de
Sie sparen, wir drucken!

Email: info@edition-lunerion.de
www.edition-lunerion.de

Psiana eCom UG
Berumer Str. 44
26844 Jemgum

Vorwort

Polnische Küche ist bislang eher ein Geheimtipp, doch wahre Gourmets wissen längst: In Polens Töpfen finden sich einzigartige kulinarische Schätze, die mit Vielfalt, Einfachheit und zugleich maximalem Geschmack punkten. Zeit also, den unterschätzten Leckereien mal die große Bühne zu überlassen – und mit diesem Buch geht das ganz einfach!

Kartoffeln, Kraut, Gurken, Speck oder Huhn: Die Grundzutaten der polnischen Küche kommen bodenständig und unspektakulär daher, doch der Erfindergeist entbehrungsreicher Zeiten hat dazu geführt, dass aus vermeintlich einfachen Lebensmitteln unvergleichlich aromatische Köstlichkeiten wurden. Ob würziger Eintopf, raffinierte Suppe, knackiger Salat oder deftiges Hauptgericht – hier entdecken Sie eine Riesenauswahl an Rezepten, die mit günstigen Zutaten, unkomplizierter Zubereitung und vollem Geschmack gleichzeitig punkten. Auch Naschkatzen kommen bei sündig-süßen Dessertkreationen voll auf Ihre Kosten und wer Veggie-Genuss liebt, der freut sich über die reiche Tradition an fleischfreien Spezialitäten. Zugleich glänzt polnische Kochkunst mit herzhaft-intensiven Fleischgerichten, bei denen Fleischfans das Wasser im Mund zusammenläuft – und das bei ganz zeitgemäßer optimaler Resteverwertung.

Guten Appetit!

INHALT

Chleb i bulki – Brot & Brötchen

Auch wenn Deutschland gemeinhin als das Brot-Land Nummer 1 gilt, wird gutes Brot auch bei unseren östlichen Nachbarn geschätzt. Sowohl süßliche Brote als auch jene mit Sauerteig werden gern genommen. Ein ganz bestimmtes Brot ist sogar so berühmt, dass es gleich unter dem Begriff „Chleba" – also „Brot" – erhältlich ist. Hier wollen wir Ihnen nun die beliebtesten Brotsorten zum Nachbacken vorstellen.

Tipp: Wer gerne und viel backt, für den lohnt sich die Anschaffung einer Rührmaschine mit verschiedenen Rührstäben, Knethaken und Geschwindigkeitsstufen. Einige dieser Geräte lassen sich mittels Aufsätzen dann sogar noch vielfältiger nutzen, was sie für passionierte Hobbyköche zu einer sinnvollen Investition macht.

CHLEB NIEDZIELNY

POLNISCHES SONNTAGSBROT

5 Port. 2,5 Std. Leicht

Zutaten

600 g Weizenmehl
25 g gemahlene Haselnüsse
100 ml lauwarmes Wasser
125 ml Naturjoghurt (3,5 % Fett)
3 Eigelb
25 g Rosinen
1 unbehandelte Zitrone
100 g weiche Butter
42 g frische Hefe
90 g Zucker
Je 1 Prise Salz und Zimt

Nährwerte p. P.

834 kcal
40 g Fett
94 g Kohlenhydrate
29 g Eiweiß

1 Heizen Sie als Erstes den Backofen vor (220 °C Ober-/Unterhitze oder 200 °C Umluft / Gasherd Stufe 3).

2 Sieben Sie das Mehl in eine große Schüssel. Waschen Sie die Zitrone heiß ab, trocknen Sie sie sorgfältig und reiben Sie nun mit Hilfe einer Küchenreibe feine Zesten in die Schüssel mit dem Mehl. Fügen Sie die Rosinen, das Salz, den Zimt, den Zucker und die Haselnüsse hinzu.

3 Zerkrümeln Sie die Hefe und lösen Sie diese in 3 bis 4 Esslöffeln Wasser auf. Ist dies geschehen, geben Sie das restliche Wasser, den Naturjoghurt und die Butter hinzu. Vermengen Sie alles gründlich.

4 Mischen Sie das Eigelb unter die Hefe-Joghurt-Mischung. Diese vermengen Sie nun ausgiebig mit der Mehlmischung, bis sie einen glatten Teig erhalten. Bedecken Sie die Schüssel mit einem Küchentuch und lassen Sie den Teig für 40 bis 60 Minuten an einem warmen Ort (idealerweise Zimmertemperatur) ruhen, bis die Hefe aufgegangen ist.

5 Wenn es so weit ist, den Teig nochmals durchkneten, am besten von Hand, und zu einem Brotlaib formen. Auf ein mit Backpapier ausgelegtes Backblech legen und für 50 bis 60 Minuten im Ofen backen.

Tipp: Mit einer umgangssprachlich genannten „Peng-Schüssel“ sind Sie stets auf der sicheren Seite, was das Gehen der Hefe betrifft, denn ihr Deckel springt dann von allein auf.

POLSKI CHLEB

POLNISCHES ROGGENSAUERTEIGBROT

5 Port. | 4 Std. | Mittel

Zutaten

200 ml Roggensauerteig
550 g Weizenbrotmehl (Typ 650)
50 g Weizenvollkornmehl
1 Teelöffel Malz oder Zucker
1 gestrichener TL Salz
300 ml lauwarmes Wasser
ggf. ¼ Teelöffel Trockenhefe, falls der Teig nicht wie gewünscht aufgegangen ist
Kartoffel- oder Reismehl zum Bestreuen des Körbchens
Optional zum Bestreuen: Sesam, Kreuzkümmel oder Sonnenblumenkerne nach Belie-ben

Nährwerte p. P.

554 kcal
4 g Fett
94 g Kohlenhydrate
20 g Eiweiß

1 Heizen Sie den Backofen auf 260 °C Ober-/Unterhitze vor (die Temperatur kann je nach Ofen abweichend sein!).

2 Geben Sie alle Zutaten in eine Rührschüssel und verkneten Sie sie gründlich. Anschließend lassen Sie den Teig für etwa zwei Stunden in der mit einem Tuch abgedeckten Schüssel gehen. Nach der Hälfte der Zeit teilen Sie den Teig in zwei Teile, dies stärkt die Struktur.

3 Nach dem Ende der Gehzeit formen Sie den Teig wieder zu einer Kugel, bestäuben ihn mit Mehl und geben ihn in ein gefettetes und bemehltes Garkorbchen (alternativ kann man auch einen Standseiher verwenden). Lassen Sie den Teig abgedeckt erneut an einem warmen Ort für ca. 50 Minuten ruhen. Falls Sie den Teig ohne erneutes Hefe-Anfüttern zubereitet haben, verlängert sich die Gehzeit.

4 Beobachten Sie den Teig. Wenn er seine Größe in etwa verdoppelt hat, nehmen Sie ihn heraus, formen einen Laib, legen ihn auf ein mit Backpapier ausgelegtes Backblech und schneiden die Oberseite mehrmals quer ein. Besprühen Sie den Laib und die Wände des Ofens mit Wasser (hierfür eignet sich entweder ein Essigsprüher oder eine Pumpflasche) und schließen Sie die Tür nach dem Hereingeben des Brotes rasch

5 Wiederholen Sie den Vorgang nach 5 Minuten, versuchen Sie nach Möglichkeit, nicht auf die Heizung zu sprühen. Reduzieren Sie nach 10 Minuten die Temperatur des Ofens auf 230 °C. Nach weiteren 25 Minuten können Sie das Brot herausnehmen und durch Klopfen auf die Unterseite testen, ob es gar ist. Wenn es hohl klingt, ist es fertig, wenn nicht, verlängern Sie die Backzeit um weitere 5 bis 10 Minuten.

Hinweis: Für dieses Rezept benötigen Sie einen Sauerteig als Basis, den Sie am besten zwei Wochen im Vorfeld zu kultivieren beginnen und spätestens acht Stunden vor der Verarbeitung zum letzten Mal anfüttern.

Tipp: Sollte der Sauerteig nicht wachsen, weil die Umgebungstemperatur nicht hoch genug ist, können Sie ihn bei ca. 40 °C in den vorgeheizten Backofen geben. Schalten Sie den Ofen nach einigen Minuten aus und lassen Sie den Teig darin ruhen, wenn möglich, lassen Sie das Licht im Ofen an, dies erleichtert das Beobachten.

CHLEB ZYTNI

EINFACHES POLNISCHES ROGGENBROT

5 Port. | 5,5 Std. | Leicht

Zutaten

225 g Roggenmehl
225 g Weizenmehl Typ 550
2 TL Kümmel
2 gestrichene TL Salz
20 g frische Hefe
150 ml warme Milch
1 TL flüssiger Honig
130 ml warmes Wasser
Mehl zum Bestäuben

Nährwerte p. P.

325 kcal
1 g Fett
65 g Kohlenhydrate
9 g Eiweiß

1 Heizen Sie den Backofen auf 220 °C Ober-/Unterhitze vor und legen Sie ein Backblech mit Backpapier aus.

2 Sieben Sie die beiden Mehle in eine Schüssel, fügen Sie das Salz und den Kümmel hinzu und mischen Sie das Ganze einmal durch. Formen Sie in der Mitte des Gemischs eine Mulde, um die mit der Milch und dem Honig glattgerührte Hefe dort hineinzufüllen.

3 Nun das warme Wasser hinzugeben und mit den Knethaken ca. 5 Minuten lang zu einem glatten Teig verarbeiten. Decken Sie die Schüssel ab und lassen Sie sie an einem warmen Ort drei Stunden gehen.

4 Nachdem der Teig aufgegangen ist, kneten Sie ihn erneut durch - am besten mit den Händen -, formen ihn zu einem ovalen Laib und legen ihn auf das Backblech. Bestäuben Sie ihn mit Mehl und lassen Sie den vorgeformten Laib erneut 1 bis 1,5 Stunden gehen, hiernach sollte er sein Volumen verdoppelt haben.

5 Ritzen Sie nun den Laib mit einem scharfen Messer viermal längs ein, etwa 1,5 bis 2 cm tief. Backen Sie das Brot für 30 bis 35 Minuten. Mittels Klopfen auf die Unterseite des Brotes können Sie zum Ende der Backzeit feststellen, ob es schon durchgebacken ist. Klingt es hohl, nehmen Sie es heraus und lassen es auf einem Gitterrost abkühlen.

POLNISCHES KARTOFFELBROT

6 Port. | 11 Std. 10 Min. | Mittel

Zutaten

500 g Mehl
1 Würfel frische Hefe
12–15 große, mehligkochende Kartoffeln (entspricht etwa 500 g)
1 ½ TL Salz
1 Tasse kochende Milch 3,5 %
200 ml des Kartoffelkochwassers
Fett für die Kastenform

Nährwerte p. P.

365 kcal
2 g Fett
69 g Kohlenhydrate
15 g Eiweiß

1 Bereiten Sie aus dem Mehl, ½ Teelöffel Salz, der warmen Milch und der Hefe einen Hefeteig zu, den Sie für 30 Minuten an einem warmen Ort gehen lassen. Er sollte sein Volumen etwa verdoppelt haben. Schälen Sie unterdessen die Kartoffeln und kochen Sie sie in Salzwasser, bis sie weich sind. Stampfen Sie diese nun zu einem stückigen Brei.

2 Verkneten Sie den gegangenen Hefeteig, das Kartoffelmus und das Kochwasser für etwa 20 Minuten in einer Rührmaschine, bis der Teig nicht mehr an den Rändern klebt. Erschrecken Sie nicht, der Teig ist wirklich sehr klebrig und es erscheint unmöglich, ihn geschmeidig zu bekommen. Fügen Sie bitte kein weiteres Mehl hinzu, denn sonst verkommt das spätere Brot zu einem kompakten Backstein.

3 Fetten Sie eine Kastenform aus und geben Sie den Teig hinein. Lassen Sie ihn 8 Stunden oder über Nacht im Kühlschrank ruhen. Heizen Sie nach Ende der Ruhezeit den Backofen auf 190 °C Ober-/Unterhitze vor. Backen Sie das Brot zunächst für 60 Minuten.

4 Drücken Sie zur Probe kurz mit dem Finger hinein, wenn der Abdruck nicht lange sichtbar bleibt, ritzen Sie das Brot mit einem Messer einmal der Länge nach ein. Backen Sie es für weitere 40 Minuten, bis es eine goldbraune Farbe angenommen hat.

5 Stellen Sie den Ofen aus und belassen Sie das Brot für weitere 10 Minuten im Ofen bei leicht geöffneter Ofentür (klemmen Sie beispielsweise einen Rührlöffel hinein). Nun das Brot aus der Form stürzen und auf einem Gitter abkühlen lassen.

VOLLKORNBRÖTCHEN

6 Port. | 1 Std. 10 Min. | Leicht

Zutaten

600 g Weizenschrot
2 EL Weizenmehl
1 Würfel frische Hefe
2 TL Salz
100 g Margarine
200 ml Milch, ggf. etwas mehr
2 EL Buchweizen
2 EL Leinsamen
1 EL Haferflocken, grob

Nährwerte p. P.

491 kcal
16 g Fett
66 g Kohlenhydrate
14 g Eiweiß

1 Erwärmen Sie die Milch und die Margarine und geben Sie beides in eine Schüssel. Bröseln Sie die Hefe hinein und rühren Sie alles mit dem Schneebesen glatt.

2 Sieben Sie das Mehl darüber, fügen Sie Weizenschrot, Buchweizen, Haferflocken und Salz hinzu und schlagen Sie den Teig wie zu Omas Zeiten mit dem Rührlöffel. Ist ein Schlagen unmöglich, geben Sie noch etwas Milch hinzu, um den Teig geschmeidiger zu machen. Gut durcharbeiten, bis sich der Teig vom Löffel löst.

3 Nun legen Sie ein Backblech mit Backpapier aus, formen aus dem Teig kleine Kugeln und verteilen diese auf dem Blech. 20 Minuten bei Zimmertemperatur gehen lassen. Nach Belieben können Sie die Brötchen noch mit Körnern bestreuen. Nach Ende der Gehzeit für 25 Minuten bei 190 °C im Ofen backen.

Na sniadanie – Zum Frühstück

JAGODZIANKI

POLNISCHE BLAUBEERBRÖTCHEN

16 Port. | 2 Std. 45 Min. | Mittel

Zutaten

42 g frische Hefe
250 ml Vollmilch, zimmerwarm
1 Ei
100 g Zucker
80 g Butter, zimmerwarm
500 g Mehl
2 TL Salz
300 g frische Blaubeeren
10 g Speisestärke
50 g Puderzucker
1 Eigelb

Zum Dekorieren:
100 g Hagelzucker
150 g gehobelte Mandeln

Nährwerte p. P.

338 kcal
16 g Fett
33 g Kohlenhydrate
13 g Eiweiß

1 Heizen Sie den Backofen auf 180 °C Ober-/Unterhitze vor.

2 Bröseln Sie die frische Hefe in die zimmerwarme Milch, geben Sie einen Esslöffel Zucker und zwei Esslöffel Mehl hinzu, rühren Sie einmal kurz um und lassen Sie das Ganze für 15 Minuten bei Zimmertemperatur gehen.

3 Den restlichen Zucker und das Ei schaumig rühren, das restliche Mehl, das Salz, die Butter (sie sollte ebenfalls Zimmertemperatur haben) und die Hefemischung für etwa 10 Minuten zu einem gleichmäßigen Teig verkneten. Den Teig in eine größere Schüssel geben und mit einem Tuch bedeckt 90 Minuten gehen lassen.

4 Währenddessen die Blaubeeren mit der Speisestärke und dem Puderzucker vermischen. Kneten Sie nach Ablauf der Ruhezeit den Teig erneut durch und formen Sie ihn zu 16 gleich großen Teigfladen. Arbeiten Sie in jeden Fladen mit den Fingern eine kleine Kuhle ein, die Sie mit je einem großzügigen Esslöffel der Blaubeermischung füllen.

5 Schlagen Sie nun die Kanten um und drücken Sie die Seiten gut zu, damit die Füllung später nicht herausläuft. Nun die Brötchen erneut für 30 Minuten ruhen lassen, anschließend mit Eigelb einstreichen und nach Belieben mit dem Hagelzucker und den gehobelten Mandeln dekorieren. Die Brötchen 15 Minuten lang goldbraun backen. Auf einem Rost auskühlen lassen.

RACUCHY

9 Port. | 1 Std. 20 Min. | Mittel

Zutaten

3 süß-säuerliche Äpfel
250 ml lauwarme Milch
250 g Weizenmehl
1 Ei
1 EL Zucker
1 TL Vanillezucker
25 g frische Hefe
Puderzucker (zum Bestreuen)
geschmacksneutrales Öl (zum Braten)

Nährwerte p. P.

222 kcal
2 g Fett
40 g Kohlenhydrate
7 g Eiweiß

1 Schälen und entkernen Sie die Äpfel und schneiden Sie diese in kleine Würfel. Bereiten Sie den Hefeteig zu, indem Sie die zerbröselte Hefe, die lauwarme Milch, den Zucker und 5 EL Mehl in einer Schüssel glattrühren. Bedecken Sie die Schüssel mit einem Geschirrtuch und lassen Sie den Vorteig für 15 Minuten bei Zimmertemperatur gehen.

2 Vermischen Sie in einer zweiten Schüssel das restliche Mehl, den Vanillezucker und das Ei und geben Sie den Vorteig dazu. Verarbeiten Sie alles zu einem glatten Teig, den Sie wiederum abdecken und bei Zimmertemperatur für 40 Minuten gehen lassen. Er sollte dann sein Volumen verdoppelt haben.

3 Heben Sie die Apfelstücke unter den Teig und erhitzen Sie das Öl in einer Pfanne mit hohem Rand. Sobald das Öl auf Temperatur ist, geben Sie je zwei gehäufte Esslöffel der Teigmasse hinein, sodass ein Küchlein entsteht. Backen Sie die Racuchy von beiden Seiten, bis sie goldbraun sind. Zum Abtropfen legen Sie sie auf Küchenkrepp. Bestreuen Sie die Küchlein mit Puderzucker und servieren Sie diese warm.

ROGALIKI

POLNISCHE MARMELADENHÖRNCHEN

8 Port. | 40 Min. | Mittel

Zutaten

150 g geschmolzene Butter
150 g Schmand
2 gestrichene TL Backpulver
2 Tasse Mehl
50 g Zucker
8 TL Marmelade nach Geschmack (ggf. auch etwas mehr, je nachdem, wie groß man ausrollt)
150 g Puderzucker zum Wälzen

1 Heizen Sie den Ofen auf 180 °C Ober- /Unterhitze vor. Schmelzen Sie die Butter und verarbeiten Sie alle Zutaten, bis auf die Marmelade und den Puderzucker, zu einem leicht klebrigen Teig. Nun den Teig auf einer bemehlten Arbeitsfläche zu einer runden "Pizza" ausrollen und in 8 Stücke schneiden, ähnlich wie Pizzastücke.

2 Auf das obere Drittel der Stücke geben Sie je einen Klecks Marmelade. Rollen Sie nun die Stücke von der breiten Seite her auf, sodass ein Hörnchen entsteht. Backen Sie die Rogaliki für ca. 20 Minuten im Ofen, bis sie eine ganz leichte Bräune angenommen haben. Wälzen Sie die Rogaliki nach dem Abkühlen in Puderzucker, bis sie ganz damit bedeckt sind.

Nährwerte p. P.

383 kcal
21 g Fett
39 g Kohlenhydrate
7 g Eiweiß

RUCOLA-SENF-BROT

1 Port. 15 Min. Leicht

Zutaten

1 Scheibe frisches Roggenbrot
1 kleine Handvoll Rucola
1 TL Senf
½ Tomate
1 gehäufter EL Speckwürfelchen oder 2 Baconstreifen
Salz
bunter Pfeffer aus der Mühle

Nährwerte p. P.

276 kcal
17 g Fett
14 g Kohlenhydrate
10 g Eiweiß

1 Braten Sie zuerst den Speck bzw. Bacon in einer Pfanne ohne Fett an. In der Zwischenzeit die Tomate waschen, den Strunk entfernen und in kleine Stücke schneiden. Waschen Sie den Rucola und trocknen Sie ihn vorzugsweise mittels Salatschleuder.

2 Bestreichen Sie das Brot mit dem Senf, geben Sie den Rucola und die Tomatenstücke darauf und toppen Sie das Ganze mit dem Bacon. Den Bratsaft können Sie ebenfalls auf das Brot träufeln. Würzen Sie nach Belieben mit etwas Salz und buntem Pfeffer aus der Mühle.

Tipp: Wenn auch nicht ganz original Polnisch, können Sie das Brot zusätzlich mit Parmesan toppen.

LÖWENZAHNHONIG

2 Port. | 2 Tage | Leicht

Zutaten

200 g Löwenzahnblüten (mehr macht den Geschmack intensiver)
1 l Wasser
2 unbehandelte Zitronen
1 kg Zucker

Nährwerte p. P.

25 kcal
0 g Fett
6 g Kohlenhydrate
0 g Eiweiß

1 Entfernen Sie die Stängel bis zur Blütenkrone (dem grünen Ansatz, dem die Blüte entspringt) und waschen Sie diese kurz in einem Wasserbad. Waschen Sie die Zitronen und schneiden Sie diese in Scheiben.

2 Füllen Sie das Wasser in einen großen Topf und rühren Sie sachte die Blütenköpfe und die Zitronenscheiben unter. Das Wasser sollte knapp darüber stehen. Nun den Sud für zwei Tage bei Zimmertemperatur ziehen lassen.

3 Wenn Sie einen Topfdeckel zum Abdecken verwenden möchten, legen Sie diesen nicht ganz auf, sodass Luft zirkulieren kann. Rühren Sie gelegentlich um, es reicht, wenn Sie daran denken, wenn Sie zufällig vorbeigehen.

4 Gießen Sie nach Ablauf der Ziehzeit die Blüten und die Zitronen ab und erhitzen Sie die Flüssigkeit. Geben Sie nach und nach den Zucker hinzu und kochen Sie den Sud bis zur gewünschten Sämigkeit ein.

5 Wenn Sie sich nicht sicher sind, ob die Konsistenz stimmt, geben Sie einen Tropfen auf eine Untertasse (oder etwas Ähnliches), lassen ihn dort abkühlen und prüfen mit dem Finger, ob die Konsistenz an "normalen" Honig erinnert. Sollte es noch zu dünnflüssig sein, kochen Sie weiter. Der Kochvorgang kann bis zu vier Stunden dauern, Sie sollten also entsprechend Zeit einplanen, da Sie regelmäßig umrühren müssen, um Anbrennen vorzubeugen.

6 Ist die gewünschte Konsistenz erreicht, den Honig in ausgekochte Schraubgläser füllen und im Vorratsschrank lagern.

POMMERSCHE APFELGRIEBEN

12 Port. | 1 Std. | Leicht

Zutaten

500 g Gänseschmalz
500 g Rückenfett vom Schwein
250 g gepökelter, geräucherter Gänsemagen
200 g säuerliche Äpfel
200 g Zwiebeln
Salz, Majoran, Thymian
Fleischwolf

Nährwerte p. P.

774 kcal
83 g Fett
3 g Kohlenhydrate
1 g Eiweiß

1 Nun waschen Sie das Rückenfett, tupfen es trocken und schneiden es ebenfalls in kleine Würfel. Geben Sie es in einen Topf und braten Sie es unter ständigem Rühren an, bis es eine goldbraune Farbe hat. Sieben Sie nun das flüssige Schmalz und stellen Sie die Grieben beiseite.

2 Erwärmen Sie das Gänseschmalz (nicht zu stark!), geben Sie die Äpfel und die Zwiebeln hinein und bräunen sie unter ständigem Rühren. Beides wieder abseihen und in die Schüssel mit den Schweinegrieben geben.

3 Drehen Sie nun den Gänsemagen durch den Fleischwolf und vermengen Sie ihn mit einer Gabel mit den Zwiebeln, den Äpfeln und den Grieben. Mit Salz, Thymian und Majoran abschmecken.

Tipp: Das abgeseihte Schmalz können Sie wunderbar für Rotkohl, Sauerkraut oder herzhafte Soßen wiederverwenden.
Apfelgrieben isst man vornehmlich auf Roggenbrot, aber auch zu Salzkartoffeln werden sie gerne gereicht

Salatka – Salate

MIZERIA

POLNISCHER GURKENSALAT

4 Port. | 15 Min. | Leicht

Zutaten

1 Schlangengurke
2 EL Smietana (oder Schmand)
1 TL Zucker
2 EL Dill
1 Schnittlauchröllchen (frisch oder TK)
Salz und Pfeffer

Nährwerte p. P.

49 kcal
4 g Fett
2 g Kohlenhydrate
1 g Eiweiß

1 Waschen Sie die Gurke und entfernen Sie den Stiel. Mischen Sie die Schnittlauchröllchen mit dem Schmand, den Gewürzen und dem Zucker.

2 Schneiden Sie nun die Gurke in feine Streifen. Vermengen Sie die Gurke mit dem Dressing und servieren Sie den Salat nicht zu stark gekühlt.

POLNISCHER TOMATENSALAT

4 Port. | 2 Std. 10 Min. | Leicht

Zutaten

800 g Strauch- oder Romatomaten
2 rote Zwiebeln
4 EL Smietana (poln. Sauerrahm, alternativ Crème fraîche oder Schmand)
1 Knoblauchzehe
1 EL Weißweinessig
1 Prise Zucker
Salz und Pfeffer
etwas Zitronensaft
Rosmarin und Thymian nach Geschmack

Nährwerte p. P.

126 kcal
3 g Fett
11 g Kohlenhydrate
4 g Eiweiß

1 Waschen Sie die Tomaten und entfernen Sie den Strunk, schälen Sie die Zwiebeln und die Knoblauchzehe. Halbieren Sie die Zwiebeln und schneiden Sie sie in feine Ringe. Die Tomaten schneiden Sie so, dass sie pro Tomate 12 Teile erhalten. Den Saft, der beim Schneiden entsteht, fangen Sie auf, ebenso wie die Tomatenkerne.

2 Drücken Sie die Knoblauchzehe durch eine Knoblauchpresse. Geben Sie alles in eine Schüssel und verrühren Sie es mit dem Smietana. Fügen Sie den Zitronen- und den Tomatensaft sowie den Essig hinzu und schmecken Sie den Salat mit den Gewürzen ab. Lassen Sie den Salat für mindestens zwei Stunden im Kühlschrank durchziehen.

ROTE-RÜBEN-SALAT

4 Port. | 5 Tage | Leicht

Zutaten

1200 g rote Rüben
100 g Meerrettich
10 g Kümmel
Salz und Pfeffer
Essig (zum Beträufeln)
Zucker
⅛ l kochendes Wasser
1 großes Weckglas oder Schraubglas

Nährwerte p. P.

163 kcal
0 g Fett
29 g Kohlenhydrate
6 g Eiweiß

1 Waschen Sie die roten Rüben gründlich, bürsten Sie diese gründlich ab und überbrühen Sie sie mit kochendem Wasser. Kochen Sie die roten Rüben in einem großen Topf mit Salzwasser bissfest, keinesfalls weicher. Nach Ende der Kochzeit abseihen, schälen und in feine Streifen hobeln.

2 Schälen Sie den Meerrettich, reiben Sie ihn fein und beträufeln Sie ihn mit dem Essig.

3 Vermengen Sie die roten Rüben mit dem Meerrettich und dem Kümmel, schmecken Sie mit Salz, Pfeffer und Zucker ab, je nach Geschmack können Sie auch noch etwas Essig hinzugeben.

4 Geben Sie den Rote-Rüben-Salat in ein Einmachglas und gießen Sie es mit ? Liter kochendem Wasser auf. Der Salat muss komplett bedeckt sein. Nun gut verschließen und im Kühlschrank für mindestens 5 Tage lagern.

SALATKA JARZYNOWA

POLNISCHER FEIERTAGSSALAT

4 Port. | 1 Std. 15 Min. | Leicht

Zutaten

1 großer, süß-säuerlicher Apfel
500 g Möhren
300 g festkochende Kartoffeln
½ Sellerieknolle
200 g Salz-Dill-Gurken (z. B. Pol Smak oder Hengstenberg Knax Polnische Art)
300 g Mais (Konserve)
250 g Erbsen (frisch oder TK)
200 g Mayonnaise
1 EL Senf
2 EL Gurkensud
2 EL gehackte Petersilie
Salz und Pfeffer

Nährwerte p. P.

556 kcal
38 g Fett
34 g Kohlenhydrate
10 g Eiweiß

1 Schälen Sie die Kartoffeln, den Sellerie und die Möhren und schneiden Sie alles in kleine Würfel. Anschließend in Salzwasser bissfest kochen (nicht zu weich!). Den Mais und die Gurken abschütten, den Gurkensud auffangen, die Gurken halbieren und in Scheibchen schneiden.

2 Waschen Sie den Apfel, entfernen Sie das Kerngehäuse und schneiden Sie ihn samt Schale in kleine Würfel. Wenn das Gemüse gar ist, geben Sie alles in eine große Schüssel und vermengen es mit der Mayonnaise. Schmecken Sie mit Senf, Gurkensud und den Gewürzen ab.

3 Lassen Sie den Salat für mindestens eine Stunde im Kühlschrank ziehen.

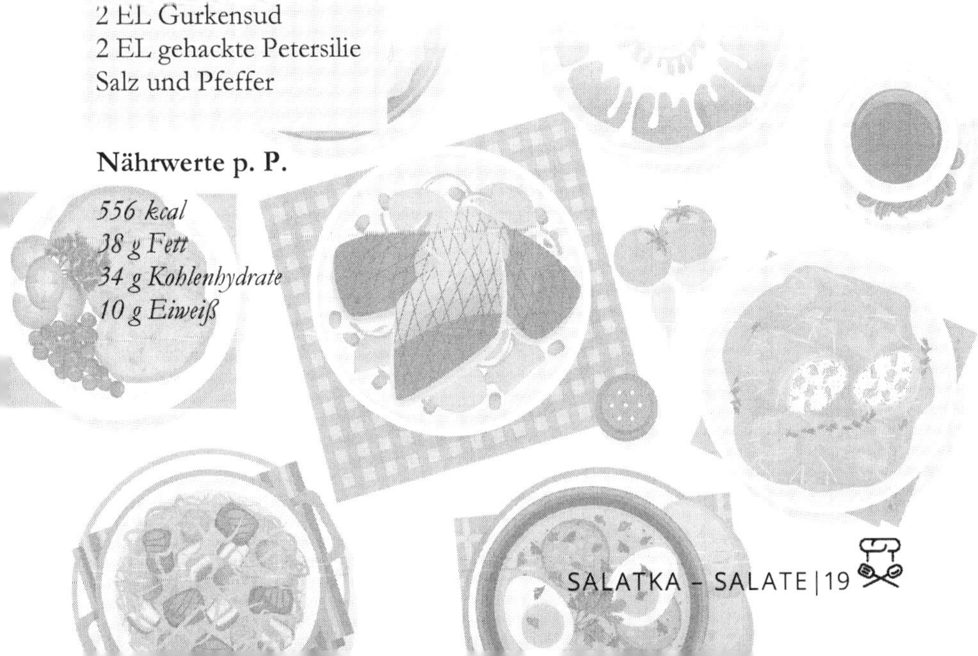

OMAS POLNISCHER GEMÜSESALAT

6 Port. | 2 Std. 25 Min. | Leicht

Zutaten

400 g Nudeln (z. B. Fusilli oder Sputnik-Nudeln)
1 rote Paprika
Je 1 kleine Zucchini und Kohlrabi
2 große Möhren
½ Sellerieknolle
2 Pastinaken
250 g Erbsen
2 kleine, süß-säuerliche Äpfel
4 Eier
1 Glas Salz-Dill-Gurken (z. B. Pol Smak oder Hengstenberg Knax Polnische Art)
1 Glas polnische Mayonnaise (z. B. Majonez von Winiary)
Je 1 EL Senf, Sahnemeerrettich und Honig
1–2 EL heller Balsamicoessig
gehackter Dill und Petersilie
ein wenig gehackte Pimpinelle
Paprikapulver, edelsüß
gemahlener Rosmarin und Liebstöckel
Salz und Pfeffer

Nährwerte p. P.

658 kcal
54 g Fett
26 g Kohlenhydrate
15 g Eiweiß

1 Kochen Sie die Nudeln nach Packungsanweisung "al dente", gießen Sie sie ab (fangen Sie eine kleine Tasse Nudelwasser auf) und schrecken Sie sie kurz mit kaltem Wasser ab. Kochen Sie die Eier wachsweich und schrecken Sie diese ebenfalls ab.

2 Drücken Sie die Eier durch einen Eierschneider, sodass schmale Streifen entstehen. Schälen Sie das Obst und das Gemüse und schneiden Sie es in mundgerechte Stücke. Blanchieren Sie die Pastinake, den Kohlrabi und die Möhren für wenige Minuten in heißem Wasser.

3 Anschließend abseihen und abschrecken. Gießen Sie die Gurken ab (auch hier den Sud auffangen) und schneiden Sie sie in kleine Würfel.

4 Bereiten Sie in einer großen Schüssel aus der Mayonnaise, dem Honig, dem Senf, dem Sahnemeerrettich und den Gewürzen ein Dressing zu. Geben Sie die Kräuter hinein und gießen Sie etwas von dem Nudelkochwasser hinzu, bis eine cremige Konsistenz entsteht. Schmecken Sie mit Gurkenwasser und den Gewürzen herzhaft ab.

5 Geben Sie alle Zutaten in die Schüssel und vermengen Sie alles gründlich. Verschließen Sie die Schüssel und lassen Sie den Salat für mindestens 2 Stunden im Kühlschrank ziehen. Anschließend nochmals gut umrühren.

Info: Polnischer Gemüsesalat ist ein Klassiker für nahezu jeden Anlass. Das Interessante ist, dass jede Familie ihre eigene Zubereitungsart hat. Selten wird man zwei gleiche Rezepte finden. Eines verbindet aber alle gleichermaßen: Jung und Alt freuen sich, wenn er zu Tisch gebracht wird. Häufig tragen die Kinder das Rezept ihrer Mütter mit in ihre eigene Familie und erhalten so das Traditionsgericht für nachfolgende Generationen.

Tipp: Bei unserer Oma gab es hierzu immer Kotelett oder Karminadle (ähnlich Frikadellen).

SALATKA Z PORA

LAUCHSALAT MIT EI

4 Port. | 8 Std. 25 Min. | Leicht

Zutaten

2 kleine Stangen Lauch
100 g Mais
4 Gewürzgurken
4 Eier
150 g Erbsen
1 Dose Champignonköpfe
4 EL polnische Mayonnaise (z. B. Majonez von Winiary)
2 TL Senf
gehackte Petersilie und Dill
Salz und Pfeffer

1 Entfernen Sie die äußeren Blätter des Lauchs, schneiden Sie ihn in Ringe und waschen Sie ihn gründlich in einem Sieb aus, so entfernen Sie eventuell verbliebene Erde am besten. Lassen Sie den Lauch abtropfen.

2 Den Mais und die Champignons ebenfalls abtropfen lassen, die Eier hartkochen, abschrecken und in Streifen schneiden. Die Gewürzgurken in kleine Halbmonde schneiden.

3 Geben Sie das Gemüse in eine große Schüssel. Fügen Sie die Mayonnaise, den Senf, die Kräuter und die Gewürze hinzu und mischen Sie den Salat gründlich durch.

4 Lassen Sie den Salat im Kühlschrank über Nacht ziehen. Anschließend noch einmal gut durchmischen.

Nährwerte p. P.

326 kcal
18 g Fett
15 g Kohlenhydrate
20 g Eiweiß

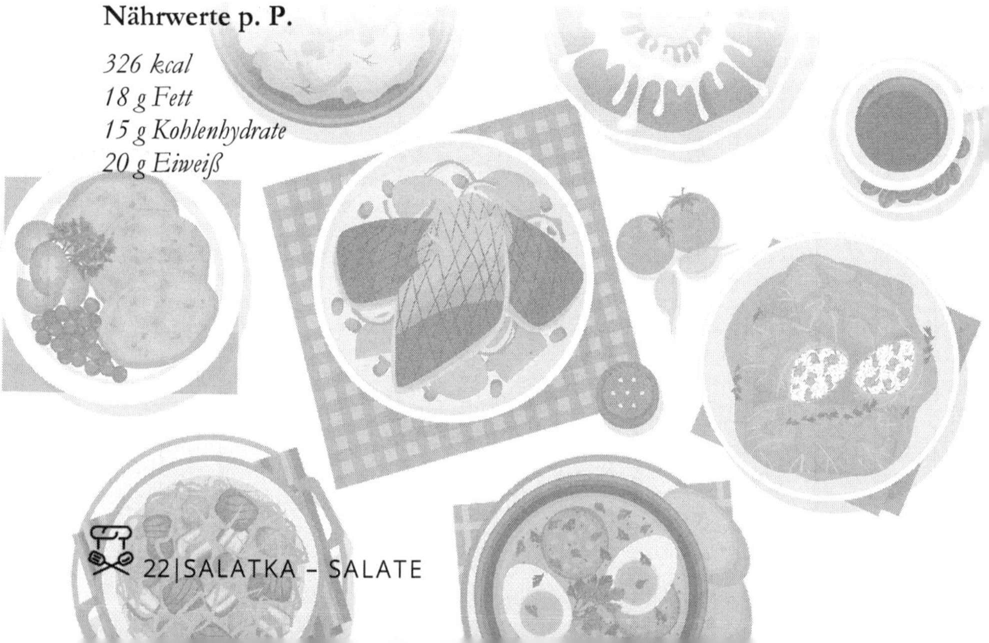

Zupy – Suppen

BULIT

POLNISCHER KARTOFFEL-SPECK-EINTOPF

6 Port. | 1 Std. | Leicht

Zutaten

1 kg Kartoffeln
250 g durchwachsener Speck in Würfeln
Je 1 Becher Buttermilch (500 ml) und Sauerrahm
6 Matjesfilets
6 Eier
1 Zwiebel
Kräuteressig
Zucker
3 Lorbeerblätter
5 Pimentkörner
10 Pfefferkörner
Dill, Schnittlauch
Salz und Pfeffer
etwas Mehl (zum Abbinden)

Nährwerte p. P.

825 kcal
43 g Fett
55 g Kohlenhydrate
46 g Eiweiß

1 Schälen Sie die Kartoffeln und schneiden Sie diese in mundgerechte Würfel. Geben Sie die Kartoffelwürfel in einen großen Topf und bedecken Sie sie mit Wasser. Fügen Sie Piment, Lorbeerblätter und Pfefferkörner hinzu und bringen Sie das Ganze zum Kochen. Kochen Sie währenddessen in einem Eierkocher die Eier hart.

2 In der Zwischenzeit braten Sie die Speckwürfel in einer Pfanne an. Nachdem die Suppe 15 Minuten gekocht hat, geben Sie den angebratenen Speck hinein. Geben Sie nun die Buttermilch und den Sauerrahm hinein und schmecken Sie den Eintopf mit Salz, Pfeffer, Zucker und Essig ab. Er sollte eine leicht säuerliche Note haben, aber keinesfalls zu sauer sein.

3 Wenn die Kartoffeln weich sind, binden Sie die Flüssigkeit mit etwas Mehl ab. Am besten geben Sie dazu ein wenig Mehl in eine Tasse und verrühren es mit einem Schneebesen mit etwas Wasser, sodass keine Klümpchen entstehen. Fügen Sie das Mehlgebinde dem Eintopf hinzu und kochen Sie alles nochmals auf, sodass die Soße abbindet

4 Lassen Sie die Suppe wieder etwas herunterkochen und geben Sie nun Dill und Schnittlauch nach Ihrem Geschmack hinein. Schälen Sie die Zwiebel, schneiden Sie sie in feine, halbe Ringe und geben Sie diese in die nicht mehr kochende Suppe. Schälen und halbieren Sie die Eier und richten Sie sie mit je einem Matjesfilet auf einem Teller an. Geben Sie nun den Eintopf darüber und bringen Sie das Ganze rasch zu Tisch.

OSTPOMMERSCHE KLACKERKLIEBENSUPPE

4 Port. 30 Min. Leicht

Zutaten

1 l Milch, 3,5 % Fett
10 EL Zucker
2 Prisen Salz
150 g Mehl
2 Eier
Zimt
Vanilleextrakt
1 kleine Handvoll Rosinen

Nährwerte p. P.

391 kcal
15 g Fett
45 g Kohlenhydrate
19 g Eiweiß

1 Bereiten Sie aus den Eiern, dem Mehl, einer Prise Salz und 8 EL Zucker einen zähen Teig zu und heben Sie die Rosinen unter. Kochen Sie die Milch mit den Gewürzen und dem restlichen Zucker auf.

2 Tauchen Sie nun einen Teelöffel zuerst in die heiße Milch, stechen Sie sogleich ein kleines Klößchen von der Teigmasse ab und lassen Sie es in die kochende Milch gleiten. Wiederholen Sie diesen Prozess, bis der Teig aufgebraucht ist, vergessen Sie nicht, den Löffel nach jedem Klößchen wieder in die kochende Milch zu tauchen - ansonsten wird sich das Teigklößchen schlecht vom Löffel lösen. Lassen Sie die Suppe für 20 Minuten kochen.

3 Dazu werden oft abgetropfte Sauerkirschen oder geraspelter Apfel gereicht.

Info: Diese Suppe gibt es in ähnlicher Form wahrscheinlich unter dutzenden Namen: Klunkersupp, Knubblezupp, Kliebensuppe, Klimpernsuppe oder Krömpelsuppe. Am Ende handelt es sich immer um eine süße, sättigende Suppe mit kleinen Mehlklößchen, die besonders an kalten Wintertagen und von Kindern geschätzt wird.

KWAŚNA ZUPA OGÓRKOWA

SAURE GURKENSUPPE

4 Port. 50 Min. Leicht

Zutaten

250 g Schweinebauch
1 große Zwiebel
1 Pastinake
500 g saure Gurken
6 mittelgroße Kartoffeln
3 Möhren
2 EL Mehl
3 EL süße Sahne
1 l Gemüsebrühe
etwas gemahlener Piment
1 Lorbeerblatt
1 TL Dill
Salz und Pfeffer
1 Prise Zucker
etwas Bohnenkraut nach Geschmack
evtl. saure Sahne als Topping

Nährwerte p. P.

393 kcal
14 g Fett
14 g Kohlenhydrate
17 g Eiweiß

1 Schälen Sie die Kartoffeln, die Möhren und die Zwiebel. Schneiden Sie den Schweinebauch und die Zwiebel in Streifen und kochen Sie beides in der Brühe mit Piment und dem Lorbeerblatt, bis die Zwiebel weich ist, danach aus der Brühe nehmen.

2 Unterdessen die Möhren, die Pastinake und die Kartoffeln würfeln. Die Kartoffeln, die Pastinake und die Möhren in der Brühe weich kochen. Bis dies geschehen ist, können Sie die sauren Gurken abgießen (fangen Sie den Saft auf!) und fein raspeln. Sobald das Gemüse weich ist, geben Sie die sauren Gurken hinzu und reduzieren die Hitze.

3 Lassen Sie die Suppe für weitere 5 Minuten ziehen. Dicken Sie die Suppe mit etwas Mehl an, hierzu das Mehl in einer Tasse mit Wasser klümpchenfrei verrühren und dann in die Suppe geben. Nochmals kurz aufkochen und rasch die Hitze wieder wegnehmen. Nun die Sahne hinzufügen und gründlich unterrühren.

4 Schmecken Sie nun die Suppe mit Dill, Salz, Pfeffer, Zucker und dem Bohnenkraut ab. Servieren Sie die Gurkensuppe mit einem Klecks saure Sahne.

KRUPNIK

GRAUPENSUPPE

4 Port. | 1 Std. 10 Min. | Leicht

Zutaten

300 g Perlgraupen
2 Zwiebeln
1 Möhre
1 Stück Sellerie
½ Stange Lauch
4 große Kartoffeln
200 g Steinpilze (frisch oder TK)
100 g durchwachsener Speck
1 TL Butter
500 ml Gemüsebrühe
Je 500 ml Milch und Sahne
Petersilie
Salz und Pfeffer
gemahlener Liebstöckel und Muskat
ggf. ein Schuss Worchestersauce

Nährwerte p. P.

806 kcal
36 g Fett
87 g Kohlenhydrate
26 g Eiweiß

1 Waschen und schälen Sie das Gemüse, putzen Sie die Steinpilze mit einer weichen Bürste (nicht waschen!). Schneiden Sie die Kartoffeln, den Sellerie und die Möhre in kleine Würfel sowie den Lauch und die Zwiebeln in feine Ringe. Falls die Steinpilze keine mundgerechte Größe haben, schneiden Sie diese in Scheiben, sodass alle gleich groß sind.

2 Erhitzen Sie nun die Butter in der Pfanne und lassen Sie darin den Speck aus, geben Sie die Zwiebelringe hinzu und braten Sie diese, bis sie goldgelb sind. Stellen Sie die Pfanne beiseite.

3 Nehmen Sie nun einen großen Topf und bringen Sie die Gemüsebrühe darin zum Kochen. Geben Sie die Graupen und das übrige Gemüse mit Ausnahme der Steinpilze hinein. Beachten Sie die Kochzeit der Graupen, ggf. müssen Sie diese zeitversetzt zum Gemüse hinzufügen, damit beides zur gleichen Zeit gar ist. Kochen Sie das Ganze für etwa 30 Minuten leise weiter.

4 Geben Sie nun die Steinpilze, den Speck und die Zwiebelringe hinzu und lassen Sie die Suppe für weitere 10 Minuten ganz leicht simmern. Wenn die Graupen und das Gemüse weich sind, nehmen Sie die Hitze weg und lassen die Suppe etwas an Wärme verlieren (nur so viel, dass die Sahne nicht gerinnen wird).

5 Gießen Sie jetzt die Sahne und die Milch hinzu und verrühren Sie alles gründlich. Die Suppe sollte die Konsistenz eines Eintopfs haben, also keinesfalls zu flüssig sein. Binden Sie nötigenfalls mit Mehl ab.

6 Schmecken Sie mit Salz, Pfeffer, Petersilie, Liebstöckel, Muskat und Worchestersauce ab. Geben Sie die Suppe auf einen Teller und servieren Sie sie mit etwas Petersilie.

KAPUSNIAK

SAUERKRAUTSUPPE (VEGETARISCH)

4 Port. | 30 Min. | Leicht

Zutaten

1 große, weiße Zwiebel
2 Möhren
300 g Kartoffeln
1 Glas Sauerkraut
1 l Gemüsebrühe
3 EL Tomatenmark
Paprikapulver, edelsüß und Paprikapulver, rosenscharf
1 Prise Zucker
1 Schuss Sojasoße
1 Lorbeerblatt
Kümmel nach Geschmack
gehackte Petersilie
Salz und Pfeffer
Öl zum Braten
ggf. saure Sahne als Garnitur

Nährwerte p. P.

204 kcal
11 g Fett
18 g Kohlenhydrate
5 g Eiweiß

1 Schälen und hacken Sie die Zwiebel. Schälen Sie die Kartoffeln und die Möhren und schneiden Sie die Möhren in feine Scheiben, die Kartoffeln in kleine Würfel. Gießen Sie das Sauerkraut ab (den Sud auffangen) und hacken Sie auch dieses klein.

2 Erhitzen Sie 2 EL Öl in einem Topf und schwitzen Sie die Zwiebel und die Möhren darin an. Fügen Sie das Paprikapulver, eine Prise Zucker und das Tomatenmark hinzu, rühren Sie alles gut durch und braten Sie das Ganze kurz an. Geben Sie nun die Kartoffeln, die Hälfte der Gemüsebrühe und die Sojasoße hinein und kochen Sie die Brühe kurz auf. Lassen Sie die Suppe für 20 Minuten leicht köcheln.

3 In der Zwischenzeit erhitzen Sie in einem zweiten Topf 2 EL Öl und dünsten darin das Sauerkraut für ca. 3 Minuten an. Löschen Sie mit dem Sauerkrautsaft ab. Geben Sie die restliche Brühe und das Lorbeerblatt hinzu, schmecken Sie mit Salz, Pfeffer, Zucker, Paprikapulver und nach Belieben mit Kümmel ab. Kochen Sie das Sauerkraut für 10 Minuten.

4 Wenn das Gemüse gar ist, geben Sie das Sauerkraut in den ersten Topf, mengen alles gut durch und lassen die Sauerkrautsuppe nochmals für 5 Minuten durchkochen.

5 Füllen Sie die Suppe in Schüsselchen und garnieren Sie mit einem Klecks saure Sahne und Petersilie. Dazu reichen Sie Brot.

BIGOS

DAS POLNISCHE NATIONALGERICHT

6 Port. | 5 Std. | Leicht

Zutaten

500 g Gulasch vom Schwein
250 g Cabanossi
2 mittelgroße Zwiebeln
1 Dose Sauerkraut (850 g Abtropfgewicht)
1 kleiner Kopf Weißkohl
150 ml Wasser
2 TL Paprikapulver, edelsüß
2 TL Salz
Pfeffer
2 EL Tomatenmark
1 EL Ketchup
500 ml Gemüsebrühe
4 Wacholderbeeren
2 Lorbeerblätter
Margarine zum Anbraten
ggf. noch etwas Salz, Pfeffer und Paprikapulver zum Abschmecken

Nährwerte p. P.

919 kcal
53 g Fett
56 g Kohlenhydrate
42 g Eiweiß

1 Heizen Sie den Backofen auf 180 °C Ober-/Unterhitze vor. Erhitzen Sie die Margarine in einem Bräter und braten Sie das Fleisch darin rundherum an. Würzen Sie das Gargut mit Salz, Pfeffer und Paprikapulver. Gut durchmengen und mit 150 ml Wasser ablöschen. Stellen Sie den Bräter in den Ofen, um das Fleisch dort für 30 Minuten schmoren zu lassen.

2 In der Zwischenzeit die Zwiebeln schälen und in kleine Stücke schneiden, ebenso die Cabanossi. Entfernen Sie Strunk und äußere Blätter vom Weißkohl und schneiden Sie diesen in feine Streifen. Das Sauerkraut abgießen. Verrühren Sie Tomatenmark und Ketchup mit der Gemüsebrühe, geben Sie die Wacholderbeeren und die Lorbeerblätter hinein.

3 Holen Sie den Bräter aus dem Ofen, geben Sie alle Zutaten hinein und vermengen Sie alles gründlich. Garen Sie das Bigos 4,5 Stunden bei mittlerer Hitze im Ofen. Rühren Sie dabei immer wieder um, damit alles gleichmäßig gart. Am Ende des Garprozesses nach Bedarf nochmals mit Salz, Pfeffer und Paprikapulver abschmecken.

Tipp: Bigos schmeckt ein zweites Mal aufgekocht noch aromatischer – ein typisches „Meal Prep"-Gericht

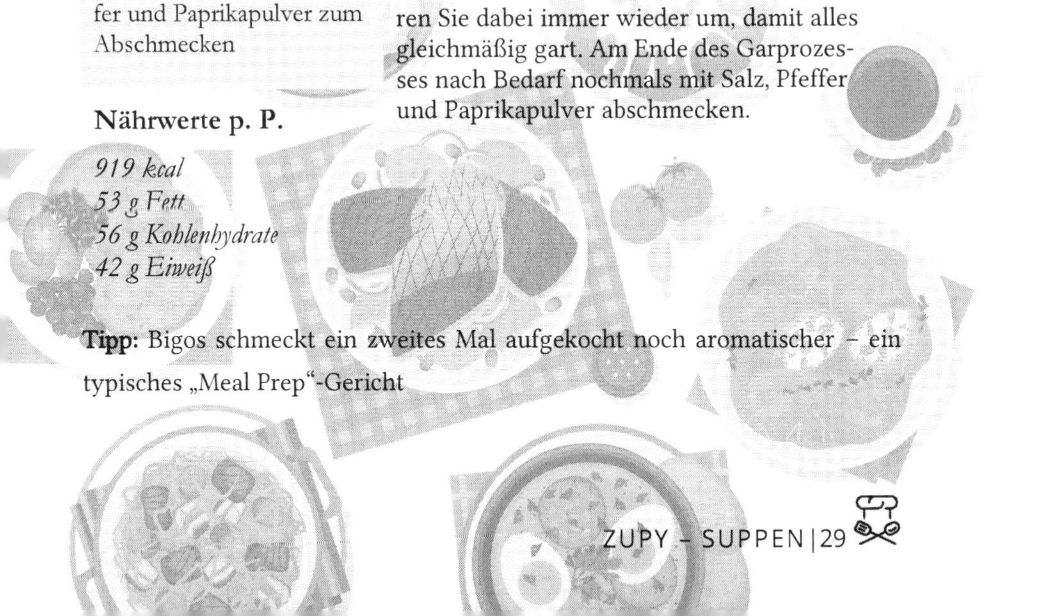

Dania z miesem – Gerichte mit Fleisch

PIEROGI

PIROGGEN

25 Port. | 2 Std. 20 Min. | Leicht

Zutaten

Für den Teig:
2 Eier
250 ml Milch, 3,5 %
1 EL Sonnenblumenöl
500 g Mehl Typ 405
1 Prise Salz

Für die Füllung:
500 g Kartoffeln, vorwiegend festkochend
2 Zwiebeln
200 g Twaróg (alternativ Schichtkäse)
150 g durchwachsene Speckwürfel
2 Lorbeerblätter
1 kleiner TL Salz
Pfeffer aus der Mühle
1 Prise gemahlene Muskatnuss

Außerdem:
Mehl für die Arbeitsfläche
2 EL Sonnenblumenöl
½ Bund Schnittlauch
½ Bund Petersilie
Butter zum Anbraten
Speckwürfel

Nährwerte p. P.

142 kcal
6 g Fett
17 g Kohlenhydrate
5 g Eiweiß

1 Stellen Sie zuerst den Teig her, indem Sie die Eier, die Milch, das Salz und das Öl mit einem Schneebesen verquirlen. Das Mehl in eine zweite Schüssel geben und unter kräftigem Schlagen die Eimischung einrühren. Der Teig sollte zwar kompakt, aber trotzdem weich sein. Decken Sie die Schüssel ab und lassen Sie den Teig für 60 Minuten im Kühlschrank ruhen.

2 In der Zwischenzeit schälen Sie die Kartoffeln und schneiden sie in kleine Würfelchen. Fügen Sie dem kochenden Salzwasser die Lorbeerblätter hinzu und garen Sie die Kartoffelwürfel darin (Dauer ca. 20 Minuten). Schälen Sie währenddessen die Zwiebeln und schneiden Sie sie in kleine Stückchen. Erhitzen Sie in einer Pfanne das Sonnenblumenöl und braten Sie darin die Speckwürfel und die Zwiebeln, bis die Zwiebeln glasig sind.

3 Gießen Sie am Ende der Garzeit die Kartoffeln ab, entfernen Sie die Lorbeerblätter und zerdrücken Sie die Kartoffeln mit einer Gabel. Geben Sie Muskat, Pfeffer, Salz, Zwiebeln, Speck und Twaróg hinzu und arbeiten Sie die Füllung weiter mit der Gabel durch. Beiseitestellen.

4 Mehlen Sie nun die Arbeitsfläche aus, rollen Sie den Teig aus (ca. 1 cm dick) und stechen Sie mithilfe eines großen Trinkglases Kreise aus, bis der Teig aufgebraucht ist.

5 Geben Sie mit einem Teelöffel in die Mitte der Kreise je einen Klecks Füllung (es muss unbedingt ein Rand bleiben), klappen Sie die Oberseite herum, sodass ein Halbmond entsteht, und drücken Sie die offene Randseite mit einer Gabel komplett zu.

6 Garen Sie die Pierogi in einem Topf mit kochendem Salzwasser. Wenn die Teigtaschen oben schwimmen, sind sie gut.

7 Nun die Butter in einer Pfanne erhitzen und den restlichen Speck darin auslassen. In der Zwischenzeit die Kräuter waschen, trockenschütteln und mit dem Wiegemesser fein wiegen. Braten Sie nun die Pierogi in der Pfanne ringsherum goldbraun an (dauert ca. 1 Minute). Richten Sie die Pierogi mit dem Speck auf Tellern an und bestreuen Sie sie mit den frischen Kräutern.

KARMINADLE (KOTLETY MIELONE PO SLASKU)

OBERSCHLESISCHE FRIKADELLEN

4 Port. | 20 Min. | Leicht

Zutaten

500 g Schweinehackfleisch
1 pürierte Zwiebel
1 getrocknetes und anschließend in Milch eingeweichtes Brötchen
1 Ei
Salz und Pfeffer
Neutrales Öl zum Anbraten

Nährwerte p. P.

574 kcal
42 g Fett
18 g Kohlenhydrate
29 g Eiweiß

1 Lassen Sie das eingeweichte Brötchen abtropfen und schneiden Sie es in feine Stückchen. Mischen Sie es zusammen mit dem Hackfleisch, der pürierten Zwiebel, dem Ei und den Gewürzen.

2 Formen Sie die Hackfleischmasse zu kleinen Klopsen und braten Sie sie in einer Pfanne mit geschmacksneutralem Öl zunächst von beiden Seiten scharf an, nehmen Sie dann die Hitze etwas weg und garen Sie die Karminadle gänzlich durch. Zum Abtropfen kurz auf Küchenkrepp legen und noch heiß servieren.

Info: Karminadle sind unseren hiesigen Frikadellen sehr ähnlich. Wortwörtlich übersetzt bedeutet der Name übrigens „Gemahlene Schlesische Schnitzel". Mancherorts „versteckt" man in der Frikadelle auch ein halbes gekochtes Ei und nennt sie dann „Überraschungs-Karminadle". Beide Varianten reicht man entweder zu Kartoffelpüree und Roter Bete oder auch zu Salat.

WATROBKA CIELECA SMAZONA

GEBRATENE KALBSLEBER

4 Port. 30 Min. Mittel

Zutaten

600 g Leber
2 große Zwiebeln
60 g Butter
ca. 2 EL Mehl (zum Bestäuben)
Salz und Pfeffer

Nährwerte p. P.

192 kcal
14 g Fett
14 g Kohlenhydrate
3 g Eiweiß

1 Waschen Sie die Leber und tupfen Sie sie trocken. Entfernen Sie die Röhren und die Haut, sofern noch vorhanden. Schneiden Sie die Leber in 1 ½ cm breite Streifen. Schälen Sie die Zwiebeln, halbieren Sie sie und schneiden Sie sie in feine Ringe. Erhitzen Sie 20 g von der Butter in einer Pfanne mit hohem Rand und schwitzen Sie die Zwiebelringe darin an.

2 Nehmen Sie die Zwiebeln wieder heraus, bestäuben Sie die Leber mit Mehl und braten Sie diese kurz scharf an. Nehmen Sie nun die Hitze zurück und braten Sie die Leber weiter.

3 Fügen Sie die restliche Butter und die Zwiebeln hinzu und braten Sie alles weiter, bis die Leber außen braun und innen zartrosa ist. Mit Salz und Pfeffer nach Belieben würzen. Richten Sie die Leber mit den Zwiebeln auf einem Teller an.

Tipp: Dazu passt Kartoffelpüree und grüner Salat mit einem weißen Dressing.

FASOLKA PO BRETONSKU

BRETONISCHE BOHNEN

10 Port. | 1 Std. | Leicht

Zutaten

500 g dicke, weiße Bohnen (Konserve)
1 Bund Suppengemüse
300 g roher, geräucherter Speck
400 g Kielbasa (alternativ Krakauer)
1 große Zwiebel
5 Knoblauchzehen
1500 g gehackte Tomaten
3 EL Tomatenmark
Öl zum Anbraten
2 Lorbeerblätter
1 EL Majoran
2 gestrichene TL Salz
Pfeffer aus der Mühle
geräuchertes Paprikapulver und rosenscharfes Paprikapulver
nach Belieben ein wenig rote Chiliflocken

Nährwerte p. P.

461 kcal
24 g Fett
11 g Kohlenhydrate
20 g Eiweiß

1 Gießen Sie die Bohnen ab. Schälen Sie das Suppengemüse, die Zwiebel und den Knoblauch und schneiden Sie alles in kleine Würfel.

2 Schneiden Sie den Speck in kleine Würfel und die Wurst in kleine Scheiben. Öl in einer Pfanne erhitzen und den Speck sowie die Wurst darin auslassen. Geben Sie den Knoblauch, die Zwiebeln und die Suppengemüsewürfel hinzu und braten Sie alles leicht an.

3 Geben Sie das Tomatenmark hinzu und rösten Sie dieses kurz. Wenn geschehen, geben Sie die gehackten Tomaten und das Lorbeerblatt hinein und schmecken Sie alles mit den Gewürzen ab.

4 Zum Schluss die weißen Bohnen einfügen und für 30 Minuten leise köcheln lassen, dabei immer wieder umrühren. Entfernen Sie vor dem Servieren das Lorbeerblatt und richten Sie das Gericht auf tiefen Tellern an.

KLUSKI POMORSKI

POMMERSCHE KLÖßE

4 Port. | 1 Std. | Leicht

Zutaten

200 g Mehl
2 altbackene Brötchen
2 Eier
100 g geräucherter Speck
¼ l Milch, 3,5 %
50 g Butter
Salz, Pfeffer und Muskat

Nährwerte p. P.

431 kcal
15 Fett
51 g Kohlenhydrate
22 g Eiweiß

1 Schlagen Sie aus der Milch, den Eiern und dem Mehl so lange einen Teig, bis er Blasen wirft. Schneiden Sie den Rauchspeck und die altbackenen Brötchen in kleine Würfel, zerlassen Sie die Butter in der Pfanne und braten Sie beides darin an. Würzen Sie das Bratgut mit Salz, Pfeffer und nach Wunsch mit Muskat. Nun geben Sie den Pfanneninhalt zum Teig, rühren kräftig durch und lassen ihn für 30 Minuten ruhen.

2 Setzen Sie derweil einen großen Topf mit Salzwasser auf und bringen Sie es zum Kochen. Nehmen Sie die Hitze zurück, sodass es nur noch leicht simmert, und stechen Sie mithilfe eines Esslöffels Klöße vom Teig ab. Lassen Sie die Klöße 15 Minuten garziehen.

Tipp: Klassischerweise serviert man die Klöße mit gebräunter, zerlassener Butter und Backobst.

ROSÓL

POLNISCHE HÜHNERBRÜHE

4 Port. | 3 Std. 15 Min. | Mittel

Zutaten

1 kg Hühnerfleisch (am Knochen)
250 g Rindfleisch (am Knochen)
3 l Wasser
3 Möhren
1 Stange Lauch
1 kleine Sellerieknolle
1 Petersilienwurzel
3 Lorbeerblätter
250 g Suppennudeln
gehackte Petersilie (zum Garnieren)
Salz und Pfeffer

Nährwerte p. P.

369 kcal
18 g Fett
9 g Kohlenhydrate
42 g Eiweiß

1 Erhitzen Sie in einem großen Topf 3 Liter Wasser und geben Sie 2 EL Salz hinein. Lassen Sie das Fleisch eine Stunde lang darin köcheln und schöpfen Sie mit einem Schaumlöffel alles ab, was sich an der Wasseroberfläche bildet. Während das Fleisch kocht, schälen und schneiden Sie das Gemüse in kleine Stücke und den Lauch in feine Ringe. Geben Sie das Gemüse und die Lorbeerblätter zum Fleisch und lassen Sie es für weitere zwei Stunden leise köcheln.

2 Kochen Sie die Nudeln nach Packungsanweisung in einem zweiten Topf. Waschen und schneiden Sie die Petersilie, würzen Sie die Suppe nach Ihrem Geschmack mit Salz und Pfeffer.

3 Seihen Sie nun die Nudeln ab, entnehmen Sie das Suppenfleisch, entfernen Sie die Knochen, schneiden Sie das Fleisch in Streifen und fügen Sie es der Suppe wieder hinzu. Entnehmen Sie die komplette Gemüseeinlage aus der Suppe und geben Sie nur die Möhren wieder zurück in den Topf. Zum Schluss geben Sie auch die Nudeln hinein, sodass sich im Topf nur noch Fleisch, Fleischbrühe, Nudeln und Möhren befinden. Garnieren Sie die Suppe mit der gehackten Petersilie.

OSTPOMMERSCHES HÜHNERFRIKASSEE

4 Port. | 1 Std. 20 Min. | Mittel

Zutaten

4 Hähnchenschenkel
2 Hühnerbrustfilets
600 g gemischtes Hackfleisch
2 kleine Zwiebeln
2 Eier
4 EL Paniermehl
1 Schuss Zitronensaft
500 g Schwarzwurzeln (Konserve)
4 EL Mehl
1 EL Butterschmalz
2 EL Rosinen
Salz und Pfeffer
evtl. 1 Prise Zucker

Nährwerte p. P.

641 kcal
36 g Fett
22 g Kohlenhydrate
50 g Eiweiß

1 Waschen Sie das Filet und die Hähnchenschenkel, tupfen Sie beides trocken und salzen Sie es. Erhitzen Sie Salzwasser in einem großen Topf und garen Sie darin das Filet und das Hähnchen für etwa 30 Minuten. Entnehmen Sie das Fleisch aus der Brühe (Brühe auf jeden Fall aufheben!) und lösen Sie es vom Knochen, anschließend kalt stellen. Lassen Sie die Schwarzwurzeln abtropfen.

2 Nutzen Sie die Abkühlphase und schälen Sie die Zwiebeln, hacken Sie sie zu ganz kleinen Stücken (vorzugsweise mit einem "Zyliss"). Mischen Sie nun aus dem Hackfleisch, den Eiern, dem Paniermehl, den Zwiebeln, dem Salz und dem Pfeffer die Masse für die Hackbällchen.

3 Formen Sie die Hackmasse mit feuchten Händen zu kleinen Kugeln (etwa so groß wie ein Pingpong-Ball) und garen Sie die Bällchen für 15 Minuten in kochendem Wasser. Schneiden Sie das mittlerweile erkaltete Fleisch in Geschnetzeltes-Streifen.

4 Erhitzen Sie das Butterschmalz in einem weiteren Topf und fügen Sie nach und nach das Mehl hinzu, um eine Mehlschwitze herzustellen. Löschen Sie die Mehlschwitze mit 4 Kellen der kalten Hühnerbrühe ab und lassen Sie es kurz aufkochen. Es sollte keinesfalls zu flüssig sein, sondern eine angenehm sämige Konsistenz aufweisen. Geben Sie nun Hühnerfleisch, Filet, Schwarzwurzeln, Rosinen und Fleischbällchen in die Soße. Schmecken Sie mit Salz, Pfeffer, Zitronensaft und ggf. einer Prise Zucker ab.

Tipp: Dazu passt Reis sehr gut.

CZERNINA

GÄNSESCHWARZSAUER

4 Port. | 10 Std. 30 Min. | Mittel

Zutaten

800 g Gänseklein (fertig vorbereitet)
1 Stange Lauch
1 Möhre
1 Scheibe Sellerie
1 Zwiebel
1 Bund krause Petersilie
1 Zimtstange
1 Lorbeerblatt
2 Nelken
3 Pimentkörner oder 1 Msp. gemahlener Piment
100 g Backobst
1 EL Zucker
1 Prise Nelkenpulver
Zesten einer halben, unbehandelten Zitrone
¼ l Gänseblut
Mehl
etwas Essig, Zucker

Nährwerte p. P.

250 kcal
20 g Fett
10 g Kohlenhydrate
15 g Eiweiß

1 Weichen Sie das Backobst über Nacht ein. Am nächsten Tag waschen, schälen und schneiden Sie das Gemüse, geben es zusammen mit dem Gänseklein (ohne die Leber) in einen Topf und fügen die herzhaften Gewürze hinzu.

2 Bedecken Sie das Gargut vollständig mit Wasser und kochen Sie es für 2 Stunden. 15 Minuten vor Ende der Kochzeit geben Sie die Leber in den Topf. Kochen Sie das Backobst mit Zucker, Nelkenpulver und Zimtstange gar, entnehmen Sie anschließend die Zimtstange wieder und geben Sie die Zitronenzesten hinein.

3 Seihen Sie das Gänseklein ab (fangen Sie die Brühe auf), trennen Sie das Fleisch ab und stellen Sie es warm. Kochen Sie die Gänsekleinbrühe etwas ein und gießen Sie diese zum Backobst. Das Gänseblut und das Mehl mit einem Schneebesen verrühren und ebenfalls über das Backobst gießen. Kochen Sie das Backobst nochmals kurz auf, geben Sie es in eine Terrine und bringen Sie es zusammen mit dem Gänseklein zu Tisch. Man reicht beides getrennt voneinander.

KALBSZUNGE MIT POLNISCHER SOẞE

4 Port. | 3 Std. 15 Min. | Schwer

Zutaten

600 g Kalbszunge, leicht gepökelt
100 g Möhren
100 g Sellerie
1 Stück Lauch, nur das Weiße
2 Zwiebeln
1 Lorbeerblatt
2 Pimentkörner
5 Pfefferkörner
3 Wacholderbeeren
50 g Butter
2 EL Mehl
6 EL guter, trockener Rotwein
20 g brauner Zucker
Zitronensaft
125 g Johannisbeermarmelade (alternativ Johannisbeergelee)
50 g Rosinen
Mandelblättchen
Salz, Pfeffer aus der Mühle, Thymian, Rosmarin

Nährwerte p. P.

296 kcal
18 g Fett
34 g Kohlenhydrate
7 g Eiweiß

1 Waschen, schälen und schneiden Sie das Gemüse, würfeln Sie die zuvor geschälten Zwiebeln. Setzen Sie einen großen Topf mit Wasser auf, geben Sie das komplette Gemüse (außer die Zwiebeln) hinein, rühren Sie die Gewürze und das Lorbeerblatt zusammen mit den Wacholderbeeren unter.

2 Kochen Sie die abgewaschene Kalbszunge darin weich. Das dauert je nach Größe des Fleischstücks unterschiedlich lange, als grobe Orientierung nehmen Sie 2 Stunden an. Lässt sich die Zunge an der Spitze leicht eindrücken, ist sie gar.

3 Entnehmen Sie die weiche Zunge und ziehen Sie die Haut ab. Seihen Sie die Brühe ab und stellen Sie diese beiseite, sie wird noch gebraucht. Stellen Sie aus dem Mehl und der Butter eine Mehlschwitze her, geben Sie die Zwiebelwürfel hinein und bräunen Sie alles an. Im Idealfall haben die Zwiebelwürfel anschließend eine leicht rote Farbe. Gießen Sie mit der Kochbrühe auf, rühren Sie den Zitronensaft, den Zucker und die Marmelade unter und lassen Sie die Brühe nochmals für 5 Minuten köcheln.

4 Schneiden Sie die Kalbszunge in Scheiben, legen Sie sie in eine Kasserolle und füllen Sie sie mit der gekochten Brühe auf. Gießen Sie den Rotwein hinzu und streuen Sie die Rosinen ein. Überziehen Sie den Inhalt mit Mandelblättchen und köcheln Sie alles für weitere 10 Minuten.

Tipp: Hierzu schmecken Kartoffelklöße und Feldsalat mit hellem Dressing.

ZWEIERLEI ENDIVIENSALAT MIT KARTOFFELN

4 Port. | 55 Min. | Leicht

Zutaten

1 großer Kopf Endiviensalat
1,2 kg Kartoffeln (vorwiegend festkochend oder mehligkochend)

Für das vegetarische Dressing:
250 ml süße Sahne
1 EL Frischkäse
2 EL Zucker
2 EL Kräuteressig
1 Spritzer Zitronensaft
2 EL gehackte Petersilie (frisch oder TK)
Salz und Pfeffer aus der Mühle

Für das fleischhaltige Dressing:
1 Zwiebel
100 g durchwachsene Speckwürfel
1 TL Butter (zum Anbraten)
2 EL neutrales Pflanzenöl
2 EL Kräuteressig
1 EL Zucker
Salz und Pfeffer aus der Mühle

Nährwerte p. P.

641 kcal
30 g Fett
65 g Kohlenhydrate
17 g Eiweiß

1 Schälen Sie zunächst die Kartoffeln und schneiden Sie sie in etwas größere Stücke, sodass etwa alle gleich groß sind. In einem Topf mit Salzwasser für 30 Minuten kochen, nach Bedarf mit dem Küchenmesser prüfen, wie weit der Garprozess schon fortgeschritten ist. Gleitet das Messer mit wenig Widerstand in die Kartoffeln, sind sie fertig.

2 Während die Kartoffeln kochen, entfernen Sie den Strunk des Endiviensalats und teilen diesen der Länge nach in vier gleich große Teile, dann lässt er sich besser in dünne Streifen schneiden. Beginnen Sie von der schmalen Seite her. Waschen und schleudern Sie den Salat und geben Sie ihn jeweils hälftig in zwei Schüsseln. Rühren Sie nun das fleischlose Dressing an. Dazu einfach alle Zutaten zusammen in eine Schüssel geben und ordentlich mit dem Schneebesen glattrühren. Schmecken Sie nach Belieben mit Salz und Pfeffer ab.

3 Für das fleischhaltige Dressing schälen Sie eine Zwiebel (vorzugsweise eine weiße), halbieren diese und schneiden sie in feine Streifen. Erhitzen Sie nun die Butter in der Pfanne und lassen Sie den Speck darin aus. Geben Sie die Zwiebel und eine Prise Salz hinzu, drehen Sie die Hitze etwas herab und schwenken Sie das Ganze kurz durch, bis die Zwiebelstreifen leicht glasig sind.

4 Unterdessen verrühren Sie mit einem Schneebesen Essig, Öl und Zucker zu einer homogenen Soße. Heben Sie die Zwiebeln und den Speck samt des Bratsaftes unter. Schmecken Sie mit Salz und Pfeffer ab (Vorsicht, es wird wahrscheinlich wegen des Specks nicht mehr viel Salz benötigt!).

5 Geben Sie je ein Dressing in eine vorbereitete Salatschüssel und vermengen Sie Salat und Soße. Servieren Sie die Kartoffeln und den Salat. Üblicherweise wird der Salat direkt auf die warmen Kartoffeln gegeben und leicht mit diesen vermischt. Das Salatdressing dient somit auch als Soße für die Kartoffeln.

Tipp: Das Gericht lässt sich anstatt mit Salzkartoffeln auch mit Kartoffelbrei genießen. Und wem das alles zu fleischlos ist, der kann sich, ganz althergebracht, zwei Scheiben Blutwurst dazu braten.

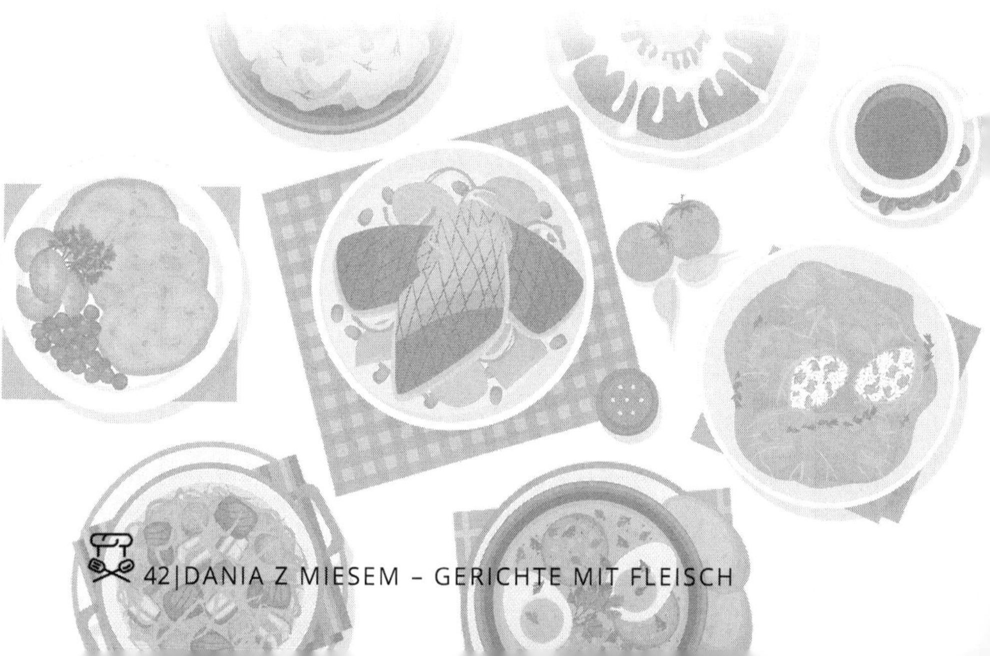

Z morza – Aus dem Meer

SALATKA SLEDZIOWA

HERINGSSALAT MIT PELLKARTOFFELN

4 Port. | 3 Std. 15 Min. | Leicht

Zutaten

12 große Kartoffeln, vorwiegend festkochend
Je 2 Becher Schmand und Sahne
6 eingelegte Matjesfilets
3 Eier
1 kleiner Apfel
1 Zwiebel
6 Gewürzgurken
2 TL Senf
3 Wacholderbeeren
1 Lorbeerblatt
3 Pfefferkörner
etwas Gurkensud, Matjesmarinade
Salz und Pfeffer

Nährwerte p. P.

939 kcal
59 g Fett
68 g Kohlenhydrate
30 g Eiweiß

1 Nehmen Sie die Matjesfilets aus der Marinade und die Gurken aus dem Glas, schneiden Sie beides in Stücke und geben Sie es zusammen mit dem Schmand und der sauren Sahne in eine Schüssel. Schälen und schneiden Sie die Zwiebel, waschen und würfeln Sie den Apfel (mit Schale) und geben Sie beides ebenfalls in die Schüssel.

2 Drücken Sie die geschälten Eier durch den Eierschneider und geben Sie sie zum Salat. Rühren Sie den Senf, die Wacholderbeeren, die Pfefferkörner und das Lorbeerblatt unter und schmecken Sie mit Salz, Pfeffer, dem Gurkensud und der Matjesmarinade herzhaft ab.

3 Lassen Sie den Salat für 3 Stunden im Kühlschrank ziehen, rühren Sie ihn vor dem Servieren nochmals gut durch. Kochen Sie die sauberen, ungeschälten Kartoffeln in Salzwasser bissfest, holen Sie den Heringssalat bereits jetzt aus dem Kühlschrank. Gießen Sie die Kartoffeln ab und reichen Sie den kühlen Heringssalat zu den warmen Kartoffeln. Diese kann man nun entweder pellen oder mit Schale essen.

SLEDZ GDANSKI

DANZIGER HERING

4 Port. | 12 Std. 35 Min. | Leicht

Zutaten

8 Salzheringe, fertig gewässert, ohne Kopf, Flossen und Gräten
1 l Buttermilch
3 Eigelb
5 EL Weißwein
1 Tasse Mehl
3 EL Butter

Nährwerte p. P.

792 kcal
52 g Fett
33 g Kohlenhydrate
45 g Eiweiß

1 Legen Sie die Heringe für einen halben Tag in der Buttermilch ein. Danach nehmen Sie den Fisch aus der Milch und tupfen ihn gut ab. Verquirlen Sie nun die Eigelbe mit dem Wein, ziehen Sie die Heringe durch die Eimischung und wälzen Sie sie anschließend in dem Mehl.

2 Erhitzen Sie die Butter in der Pfanne und braten Sie die Heringe unverzüglich darin goldbraun. Reichen Sie dazu Pellkartoffeln oder Bratkartoffeln.

KARP W GALARECIE

KARPFEN IN GELEE

4 Port. | 4 Std. | Mittel

Zutaten

2 Karpfenfilets
1 l Wasser
Zitronensaft
200 g Möhren
Je 150 g Petersilienwurzel und Sellerie
150 g Lauch
50 g grüne Erbsen (TK)
15 g Gelatinepulver
2 Pimentkörner
5 Pfefferkörner
1 Lorbeerblatt
Salz und Pfeffer
ca. 3 EL gehackte Petersilie
nach Belieben frischer, gehackter Dill

Nährwerte p. P.

159 kcal
6 g Fett
3 g Kohlenhydrate
5 g Eiweiß

1 Entfernen Sie - falls zutreffend - die Gräten im Filet, waschen Sie es gründlich ab und tupfen Sie die Filets mit einem Papiertuch trocken. Die Fischfilets dürfen nicht mehr schleimig sein. Salzen Sie die Filets von beiden Seiten und beträufeln Sie sie mit Zitronensaft. Schneiden Sie den Fisch in ca. 10 cm breite Streifen.

2 Schälen und schneiden Sie das Gemüse in Würfel, die Möhre in Scheiben. Setzen Sie einen Topf mit Wasser auf, geben Sie Salz, die Pfefferkörner, die Pimentkörner und das Lorbeerblatt zusammen mit dem gesamten Gemüse in den Topf und köcheln Sie es abgedeckt für 1 Stunde. Wenn das Gemüse bissfest ist, seihen Sie die Brühe ab und stellen sie zur Seite. Entnehmen Sie die Möhren und die Erbsen, diese kommen später in das Gelee hinein.

3 Geben Sie nun die Karpfenfilets in die Gemüsebrühe und kochen Sie sie bei mittlerer Hitze für etwa 15 Minuten. Nehmen Sie die Filets nun vorsichtig heraus und drapieren Sie diese auf einer Platte mit höherem Rand. Wenn nötig, nutzen Sie zwei Platten. Verteilen Sie die Erbsen und die Möhren um die Fischfilets herum und garnieren Sie den Fisch mit gehackter Petersilie.

4 Bereiten Sie die Gelatine nach Packungsanweisung unter Zuhilfenahme des Fischsuds zu, die Konsistenz muss später einem Gelee gleichen. Geben Sie zunächst nur ein paar Esslöffel Gelatine über den Fisch, sodass sie zwischen die einzelnen Filetstücke und über das Gemüse läuft.

5 Stellen Sie die Platten für mindestens 30 Minuten in den Kühlschrank, damit die erste Schicht der Gelatine aushärten kann. Wiederholen Sie den Vorgang, bis der Fisch und das Gemüse komplett bedeckt sind, halten Sie die Ruhezeit von etwa 30 Minuten zwischen den Gängen ein. Servieren Sie den Karpfen mit Dill und frischem Pfeffer aus der Mühle.

Tipp: Der so präparierte Fisch hält sich für 4 Tage im Kühlschrank.

ZUPA RYBNA

FISCHSUPPE

4 Port. | 1 Std. | Mittel

Zutaten

4 Fischfilets, gern verschiedene (z. B. Forelle, Karausche, Hecht, Wels, Zander, Karp-fen, Bleie)
2 Fischköpfe und Flossen
1 Bund Suppengrün mit Petersilie
4 EL Tomatenmark
1 rote Paprika
2 Zwiebeln
2 Knoblauchzehen
1 l Wasser
80 ml trockener Weißwein
2 Lorbeerblätter
4 Pimentkörner
2 Gemüsebrühwürfel
Paprikapulver
Basilikum, gerebelt
2 Zweige frischer Rosmarin
Salz und Pfeffer
Etwas Öl

Nährwerte p. P.

129 kcal
1 g Fett
10 g Kohlenhydrate
32 g Eiweiß

1 Salzen Sie zuerst die Fischfilets. Schälen Sie das Suppengemüse und eine der beiden Zwiebeln und schneiden Sie das Gemüse in Würfel. Schälen Sie den Knoblauch und drücken Sie ihn durch die Knoblauchpresse. Erhitzen Sie 1 Liter Wasser in einem Topf, lösen Sie die Brühwürfel darin auf und geben Sie das Gemüse, die Petersilie und die Lorbeerblätter hinein.

2 Garen Sie das Gemüse, bis es weich ist. Entnehmen Sie das Gemüse mit einer Schaumkelle. Geben Sie nun die Fischköpfe und die Flossen in die Gemüsebrühe, rühren Sie 1 EL Paprikapulver und den Wein unter und garen Sie alles für 30 Minuten.

3 Waschen und entkernen Sie die Paprika und braten Sie sie mit etwas Öl in der Pfanne an, rühren Sie etwas Paprikapulver und die andere Zwiebel, welche Sie zuvor geschält und gehackt haben, zusammen mit dem Knoblauch und dem Tomatenmark in die Pfanne ein. Geben Sie etwas gerebeltes Basilikum hinzu. Braten Sie das Gemüse für 5 Minuten.

4 Nehmen Sie es aus der Pfanne und geben Sie die Fischfilets hinein. Braten Sie diese von beiden Seiten goldbraun an, aber nicht durchgaren, denn sie sollen erst in der Suppe fertig garen.

5 Seihen Sie nun den Fischfonds ab und rühren Sie die gebratene Paprikamischung, das zuvor gegarte Suppengemüse und den Rosmarin unter. Kochen Sie die Suppe für 15 Minuten bei mittlerer Hitze. Nehmen Sie die Hitze zurück und geben Sie die Fischfilets für 10 Minuten in die Suppe hinein.

6 Sieben Sie die Suppe durch, entnehmen Sie die Möhren und die Fischfilets und fügen Sie sie der durchgesiebten Suppe wieder hinzu. Schmecken Sie die Suppe mit Salz und Pfeffer ab. Geben Sie je ein Fischfilet auf einen tiefen Teller und gießen Sie die Fischsuppe auf.

Bezmiesny szczesliwy – vegetarisch

KLUSKI SLASKI

SCHLESISCHE KLÖß

10 Port. | 1 Std. 15 Min. | Mittel

Zutaten

1 kg mehligkochende Kartoffeln
200 g Kartoffelstärke
2 Eier
3 gestrichene TL Salz
3 EL Butter
3 Zwiebeln
Salz, Pfeffer und Muskat
2 EL Röstzwiebeln
ggf. frische, gehackte Petersilie

Nährwerte p. P.

200 kcal
7 g Fett
29 g Kohlenhydrate
6 g Eiweiß

1 Schälen, würfeln und kochen Sie die Kartoffeln, bis sie weich sind. Zerstampfen Sie die Kartoffeln und lassen Sie sie abkühlen. Schälen und würfeln Sie in der Zwischenzeit die Zwiebeln und dünsten Sie die Zwiebelwürfel in einer Pfanne mit erhitzter Butter glasig (Tipp: eine Prise Salz über die Zwiebeln geben, das sorgt dafür, dass sie nicht rösten). Mit 2 TL Salz und Pfeffer würzen. Stellen Sie die Zwiebelmischung warm.

2 Verkneten Sie nun die Kartoffelstärke, die ausgekühlten Kartoffeln, die Eier, eine Prise Muskat und einen gestrichenen Teelöffel Salz zu einem geschmeidigen Teig. Erhitzen Sie Salzwasser in einem großen Topf und stechen Sie kleine Klöße in der Größe eines Avocadokerns ab.

3 Drücken Sie das Klößchen etwas platt und drücken Sie mit dem Daumen ein Loch in seine Mitte. Verfahren Sie so, bis der Teig aufgebraucht ist. Geben Sie die Klöße à 10 Stück in das kochende Salzwasser. Wenn sie hochschwimmen, noch 3 weitere Minuten warten, dann sind sie fertig.

4 Entnehmen Sie die Klöße, richten Sie je 6-7 Stück mit dem Loch nach oben auf einem Teller an, übergießen Sie diese mit der Zwiebelmischung und toppen Sie das Ganze mit ein paar Röstzwiebeln. Wenn Sie möchten, streuen Sie noch frische, gehackte Petersilie darüber.

Tipp: Wenn Sie nicht alle Klöße verarbeiten wollen, können Sie die rohen Teiglinge auch einfrieren.

ZIOLOWY MAKARON

KRAUTNUDELN

4 Port. | 1 Std. 20 Min. | Leicht

Zutaten

500 g vegetarisches Hack (aus dem Kühlregal oder Sojagranulat, dann entsprechend mehr verwenden)
2 Zwiebeln
2 Knoblauchzehen
500 g Weißkohl
500 g Nudeln (vorzugsweise Bandnudeln)
2 EL Pflanzenöl
80 ml Sahne oder Kochsahne
Salz und Pfeffer
ggf. eine Prise gemahlener Kümmel nach Geschmack
gehackte Petersilie und gehackter Schnittlauch für die Garnitur

Nährwerte p. P.

585 kcal
16 g Fett
55 g Kohlenhydrate
34 g Eiweiß

1 Kochen Sie die Nudeln nach Packungsanweisung, falls Sie Sojagranulat nutzen, ebenfalls nach Packungsanweisung vorbereiten. Entfernen Sie den Strunk und die äußeren Blätter des Weißkohls und schneiden Sie ihn in feine Streifen. Schälen und hacken Sie die Zwiebeln und den Knoblauch.

2 Erhitzen Sie in einer Pfanne mit hohem Rand das Öl und lassen Sie die Zwiebeln und den Knoblauch mit einer Prise Salz darin aus. Braten Sie das Veggie-Hack darin scharf an, geben Sie den Kohl hinzu und garen Sie alles für etwa 20 Minuten bei mittlerer Hitze abgedeckt weiter

3 Gießen Sie die Sahne auf, schmecken Sie mit Salz, Pfeffer und nach Belieben mit Kümmel ab. Geben Sie die abgegossenen Nudeln zu der Hackpfanne und rühren Sie gut um. Mit Petersilie und Schnittlauch bestreut zu Tisch bringen.

KAPUSTA STOZKOWA Z ZIEMNIAKAMI

SPITZKOHL-KARTOFFEL-TOPF

4 Port. 40 Min. Leicht

Zutaten

400 g Spitzkohl
1 große Zwiebel
400 g Kartoffeln, vorwiegend festkochend
3 Knoblauchzehen
½ Glas getrocknete Tomaten in Öl
Etwas Öl von den Tomaten
1 Tasse Gemüsebrühe
Salz und Pfeffer
Paprikapulver, gemahlener Piment, gemahlener Kümmel, gerebelter Beifuß, gemahle-ner Rosmarin
2 EL gehackter frischer Dill

1 Schälen Sie die Kartoffeln und würfeln Sie diese. Schälen und hacken Sie die Zwiebel und den Knoblauch. Nehmen Sie die äußeren Blätter vom Spitzkohl ab und schneiden Sie den Strunk heraus. Halbieren Sie den Spitzkohl zweimal der Länge nach, sodass Sie Viertel erhalten. Schneiden Sie die Viertel in mundgerechte Würfel.

2 Nehmen Sie von den eingelegten Tomaten einen Esslöffel des Öls ab und erhitzen Sie dieses in einer Pfanne mit hohem Rand und Deckel. Schwitzen Sie Knoblauch und Zwiebel darin an, geben Sie die Spitzkohlwürfel hinzu. Braten Sie den Kohl für ca. 5 Minuten, geben Sie die Kartoffeln und die Gemüsebrühe hinein, setzen Sie den Deckel auf und kochen Sie das Gemüse auf mittlerer Stufe für etwa 25 Minuten.

3 Zuletzt fügen Sie die getrockneten Tomaten hinzu und lassen diese für 3 Minuten mitziehen. Schmecken Sie den Kohltopf mit den Gewürzen ab und bestreuen Sie alles mit dem gehackten Dill.

Nährwerte p. P.

394 kcal
18 g Fett
35 g Kohlenhydrate
8 g Eiweiß

KROKIETY WEGETARIANSKE

POLNISCHE KROKETTEN VEGGIESTYLE

6 Port. | 2 Std. 20 Min. | Mittel

Zutaten

1200 g Kartoffeln
500 g Champignons (Konserve)
3 Zwiebeln
1 ½ Tassen Semmelbrösel
4 Eier
5 EL Kartoffelstärke
1 Bund frischer Dill (gehackt)
Salz und Pfeffer aus der Mühle
Pflanzenöl zum Braten und Frittieren

Nährwerte p. P.

548 kcal
25 g Fett
60 g Kohlenhydrate
17 g Eiweiß

1 Schälen, würfeln und kochen Sie die Kartoffeln, bis sie weich sind. Zerstampfen Sie die ausgekühlten Kartoffeln, sodass keine Stücke darin bleiben. Schälen und hacken Sie die Zwiebeln und braten Sie die Würfel in einer Pfanne mit heißem Öl an.

2 Gießen Sie die Champignons ab und scheiden Sie sie in Viertel. Vermengen Sie in einer Schüssel die Kartoffeln, den Dill, die Pilze, ? der Semmelbrösel und die Zwiebeln mit den Gewürzen und 2 Eiern. Lassen Sie den Teig für 15 Minuten ruhen. Danach formen Sie kleine Laibchen aus dem Teig und lassen die rohen Krokiety 1 Stunde im Kühlschrank ruhen.

3 Bereiten Sie unterdessen eine Panierstraße vor: Auf Teller 1 geben Sie die Kartoffelstärke, auf Teller 2 verquirlen Sie die restlichen beiden Eier und auf Teller 3 streuen Sie die übrigen Semmelbrösel. Heizen Sie den Backofen auf 200 °C Ober-/Unterhitze vor und legen Sie ein Backblech mit Backpapier aus.

4 Wenn die Krokiety fertig geruht haben, wälzen Sie die Laibchen zuerst in der Kartoffelstärke, dann im Ei und zuletzt in den Semmelbröseln. Erhitzen Sie reichlich Pflanzenöl in einer hohen Pfanne oder einem Topf und braten Sie die Krokiety von beiden Seiten goldbraun darin an. Legen Sie die Krokiety auf das Backblech und backen Sie diese im Ofen für etwa 10 Minuten.

Tipp: Krokiety – egal, ob vegetarisch, vegan oder mit Fleischfüllung – reicht man meist zu Suppe, selbstredend machen sie aber auch als Hauptspeise eine gute Figur. Sie schmecken warm oder kalt.

VEGETARISCHES WURSTGULASCH

4 Port. 35 Min. Leicht

Zutaten

3 bunte Paprika (rot, grün, gelb)
3 Zwiebeln
1 vegetarische Fleischwurstalternative (z. B. Gutfried)
1 Päckchen Reis
etwas Salz
1 Päckchen Instant „Dunkle Bratensoße“ vegetarisch
Öl zum Anbraten

Nährwerte p. P.

660 kcal
46 g Fett
44 g Kohlenhydrate
15 g Eiweiß

1 Setzen Sie einen Topf mit Salzwasser auf und garen Sie den Reis nach Anweisung. Schälen Sie in der Zwischenzeit die Zwiebeln und schneiden Sie sie in feine halbe Ringe.

2 Waschen, entkernen und würfeln Sie die Paprika. Schneiden Sie die vegetarische Wurst in Scheiben. Erhitzen Sie etwas Öl in einer Pfanne und braten Sie die Wurstscheiben darin von beiden Seiten an, bis sie eine leicht bräunliche Farbe haben. Entnehmen Sie die Wurst und stellen Sie sie beiseite.

3 Schwitzen Sie nun die Zwiebeln in der gleichen Pfanne an, geben Sie die Paprika hinzu und braten Sie beides für ca. 15 Minuten. Bereiten Sie die Instant-Soße nach Packungsanweisung zu (es sollten 150 ml Soße herauskommen). Gießen Sie die Soße an die Paprika und geben Sie die vegetarische Wurst wieder hinein.

4 Braten Sie die Paprikapfanne für weitere 5 Minuten. In dieser Zeit sollte auch der Reis gar geworden sein, sodass Sie ihn abgießen und aus der Packung befreien können. Servieren Sie den Reis und das Wurstgulasch in separaten Schüsseln.

Tipp: Wer keine Instant-Produkte verwenden will, kann natürlich auch selbst eine vegetarische Soßenbasis ansetzen.

ZUPA SZCZAWIU Z JAJKAMI

SAUERAMPFERSUPPE MIT EI

4 Port. | 30 Min. | Leicht

Zutaten

2 Bund frischer Sauerampfer, ca. 300 g
4 Kartoffeln
1 l Gemüsebrühe
1 Bund gehackte, frische Petersilie
1 Bund gehackter Liebstöckel
4 EL Smietana
etwas Zucker
4 hartgekochte Eier
etwas gehackte Petersilie zur Dekoration
Salz, Pfeffer

Nährwerte p. P.

279 kcal
13 g Fett
21 g Kohlenhydrate
18 g Eiweiß

1 Schälen Sie die Kartoffeln und schneiden Sie sie in Würfel. Kochen Sie die Kartoffelwürfel zusammen mit den gehackten Kräutern in der Gemüsebrühe für 10 Minuten.

2 Waschen Sie den Sauerampfer, entfernen Sie die Stiele und geben Sie ihn zur Suppe. Für weitere 5 Minuten kochen. Reduzieren Sie die Hitze und geben Sie den Smietana hinzu.

3 Schmecken Sie mit Salz, Pfeffer und Zucker ab. Halbieren Sie die Eier und legen Sie je zwei Eihälften pro Teller auf die Suppe. Mit der übrigen Petersilie garnieren.

Weganskie dania glowne – vegan

SELLERIESCHNITZEL MIT KARTOFFELPÜREE

1 Port. 30 Min. Leicht

Zutaten

1 große Knolle Sellerie
2 EL gehackte Petersilie
Salz und Pfeffer
2 Eier
2 Tassen Semmelbrösel
1 Tasse Mehl
Öl zum Braten
8 große Kartoffeln, mehligkochend
125 ml Milch
1 EL vegane Butter
1 gestrichener TL Salz
eine Prise Muskat
1 Prise gemahlener Rosmarin

Nährwerte p. P.

814 kcal
20 g Fett
123 g Kohlenhydrate
29 g Eiweiß

1 Schälen Sie die Kartoffeln, schneiden Sie sie in Würfel und garen Sie die Würfel in kochendem Salzwasser, bis sie weich sind. Das sollte etwa 20 Minuten dauern. In der Zwischenzeit schälen Sie den Sellerie und schneiden ihn in fingerdicke Scheiben.

2 Verquirlen Sie die Eier mit der Petersilie, salzen und pfeffern Sie die Selleriescheiben kräftig. Wälzen Sie den Sellerie zuerst in Mehl, dann in den verquirlten Eiern und zuletzt in den Semmelbröseln.

3 Erhitzen Sie etwas Öl in einer Pfanne und braten Sie die Sellerieschnitzel zunächst von beiden Seiten an, reduzieren Sie die Hitze und lassen Sie die Schnitzel sanft garen.

4 Wenn die Kartoffeln weich sind, gießen Sie das Wasser ab und zermusen die Kartoffeln mit einem Stampfer. Gießen Sie die Milch hinzu, ziehen Sie die Butter unter und schmecken Sie das Kartoffelpüree mit Salz, Muskat und Rosmarin ab.

KWASNE ZIEMNIAKI

SAURE KARTOFFELN

4 Port. | 30 Min. | Leicht

Zutaten

1 kg festkochende Kartoffeln
2 Zwiebeln, geschält und fein gehackt
1 l Gemüsebrühe
30 g vegane Butter
30 g Mehl
1 Schuss Weißwein
1 Lorbeerblatt
3 Nelken
5 Wacholderbeeren
3 Körner Piment
5 Pfefferkörner
Kräuteressig zum Abschmecken
Salz, Pfeffer, Thymian, Majoran, Rosmarin
evtl. eine kleine Prise Zucker

Nährwerte p. P.

308 kcal
7 g Fett
51 g Kohlenhydrate
7 g Fett

1 Schälen Sie die Kartoffeln und schneiden Sie sie in Scheiben. Zerlassen Sie die Butter, schwitzen Sie die Zwiebeln darin an und binden Sie beides mit Mehl ab, um eine Mehlschwitze herzustellen. Löschen Sie diese mit dem Weißwein ab und gießen Sie die Mehlschwitze mit der Gemüsebrühe auf.

2 Geben Sie die Kartoffelscheiben in die Soße, fügen Sie alle Gewürze hinzu und kochen Sie die Kartoffeln, bis sie bissfest sind. Die Speise sollte keine Suppe sein, sondern eher wie eine cremige Soße. Schmecken Sie die Kartoffeln leicht sauer mit dem Essig und ggf. mit Zucker ab.

3 Entnehmen Sie das Lorbeerblatt, die Wacholderbeeren, die Nelken und die Pfefferkörner und servieren Sie die sauren Kartoffeln mit eingelegter Roter Bete.

BARSZCZ CZERWONY

ROTER BARSZCZ

4 Port.

10,5 Std.

Mittel

Zutaten

1,5 kg rote Rüben
2,5 l Gemüsebrühe
2 Zwiebeln
1 EL vegane Butter oder Albaöl
1 Lorbeerblatt
4 Pimentkörner
4 Pfefferkörner
1EL Kräuteressig

Nährwerte p. P.

344 kcal
14 g Fett
48 Kohlenhydrate
5 g Eiweiß

1 Schälen Sie die roten Rüben, schneiden Sie sie in Würfel und kochen Sie sie für 1,5 Stunden in 1,5 Liter der Gemüsebrühe, bis sie weich sind. Schälen und würfeln Sie die Zwiebeln, braten Sie die Zwiebelwürfel in der Butter an.

2 Bringen Sie den restlichen Liter Gemüsebrühe zum Kochen, geben Sie die gebratenen Zwiebeln, die Rübenwürfel, das Lorbeerblatt, die Pfeffer- und die Pimentkörner hinein. Kochen Sie die Suppenbasis bei mittlerer Hitze für 10 Minuten.

3 Lassen Sie die Suppe über Nacht oder mindestens 8 Stunden im Kühlschrank ziehen. Erwärmen Sie die Suppe nochmals für 10 Minuten, sie darf aber nicht kochen, weil sie sich sonst schwarz verfärbt! Geben Sie den Essig hinzu und lassen Sie den Barszcz für weitere 5 Minuten ziehen. Passieren Sie die Suppe durch ein feines Sieb und servieren Sie den Barszcz in Suppenschälchen.

KALAFIOR ZAPIEKANY

BLUMENKOHL ÜBERBACKEN

4 Port. | 30 Min. | Leicht

Zutaten

1 Blumenkohl
2 TL Salz
50 g vegane Butter
50 g Semmelbrösel
Salz und weißer Pfeffer

Nährwerte p. P.

227 kcal
16 g Fett,
10 g Kohlenhydrate
5 g Eiweiß

1 Heizen Sie den Ofen auf 200 °C Umluft vor. Entfernen Sie die Blätter vom Blumenkohl, putzen Sie ihn sauber und spülen Sie ihn unter fließendem Wasser ab. Setzen Sie einen großen Topf mit Wasser auf, geben Sie 2 Teelöffel Salz hinein und blanchieren Sie den Blumenkohlkopf für 6 bis 8 Minuten.

2 Lassen Sie den Blumenkohl abtropfen. Setzen Sie ihn in eine Auflaufform. Schmelzen Sie die Butter und rühren Sie die Semmelbrösel ein. Salzen und pfeffern Sie den Blumenkohl und lassen Sie die Semmelbrösel - Butter darüber laufen. Backen Sie den Blumenkohl für 15 Minuten im Ofen.

Tipp: Dazu schmeckt Kartoffelpüree.

KOPYTKA

SCHUPFNUDELN

4 Port. 55 Min. Mittel

Zutaten

1 kg mehligkochende Kartoffeln
2 EL Speisestärke
2 EL Wasser
2 Tassen Weizenmehl
½ Teelöffel Salz
Mehl zum Bestäuben

Nährwerte p. P.

312 kcal
3 g Fett
63 g Kohlenhydrate
12 g Eiweiß

1 Schälen Sie die Kartoffeln und schneiden Sie diese in Stücke, welche Sie in Salzwasser weichkochen. Die Kartoffeln abkühlen lassen und fein zermusen. Vermengen Sie die Speisestärke mit dem Wasser zu einem Brei, verkneten Sie die Kartoffeln mit der Stärke, dem Weizenmehl und dem Salz zu einem glatten Teig.

2 Geben Sie den Teig in den Kühlschrank und lassen Sie ihn dort fur 15 Minuten ruhen. Nach Ablauf der Ruhezeit bemehlen Sie die Arbeitsfläche und am besten auch Ihre Hände. Rollen Sie den Teig in 3 cm dicke Stränge und schneiden Sie leicht schräg kleine, daumendicke Stücke ab.

3 Garen Sie die Kopytka in kochendem Salzwasser für etwa 6 Minuten. Wenn sie oben schwimmen, sind sie fertig. Holen Sie die Klößchen mit einem Schaumlöffel heraus und servieren Sie sofort.

Tipp: Dazu schmeckt Tomatensoße.

Wer eine vegetarische Variante zubereiten möchte, kann die Kopytka mit gebräunter Butter, Salbei und Parmesan servieren.

KAPUSTY I TOFU

WIRSINGTOPF MIT NUDELN UND RÄUCHERTOFU

4 Port. | 45 Min. | Leicht

Zutaten

1 Kopf Wirsing
200 g Räuchertofu
2 Zwiebeln
1 EL Albaöl
1 Schuss Weißwein
300 g kurze Nudeln
1 Tasse Gemüsebrühe
125 ml Sojasahne
1 Schuss Sojasoße
1 Prise Kala Namak (Rauchsalz)
Salz, weißer Pfeffer
1 Prise Muskat

Nährwerte p. P.

245 kcal
8 g Fett
28 g Kohlenhydrate
10 g Eiweiß

1 Garen Sie die Nudeln nach Packungsanweisung. Schälen und würfeln Sie die Zwiebeln. Entfernen Sie die äußeren Blätter und den Strunk des Wirsings, vierteln Sie ihn in der Länge und schneiden Sie ihn in Streifen. Waschen Sie die Wirsingstreifen und lassen Sie sie gut abtropfen.

2 Braten Sie die Zwiebelwürfel in dem Albaöl an. Schneiden Sie den Tofu in kleine Würfelchen und geben Sie diese ebenfalls hinzu. Braten Sie den Tofu kross goldbraun. Würzen Sie vorsichtig mit dem Rauchsalz (Vorsicht, es hat einen sehr intensiven Geschmack) und löschen Sie mit dem Weißwein ab.

3 Geben Sie die Wirsingstreifen hinein und gießen Sie mit der Gemüsebrühe auf. Lassen Sie das Gemüse für 15 Minuten kochen. Würzen Sie mit Salz, Pfeffer und einem Schuss Sojasoße. Rühren Sie die Sojasahne ein und geben Sie die Nudeln dazu. Alles gut durchmengen und nochmals 5 Minuten leicht kochen lassen. Schmecken Sie die Wirsingpfanne mit Muskat ab.

Sosy, kremy, dipy – Soßen, Cremes und Dips

SOS CZOSNKOWY

POLNISCHE KNOBLAUCHSOẞE

4 Port. | 3 Std. 10 Min. | Leicht

Zutaten

2 EL Mayonez (z. B. Von Winiary)
3 gehäufte EL Smietana (z. B. Pol Smak, alternativ Schmand)
2–3 Knoblauchzehen (nach Geschmack auch mehr)
1 EL Zitronensaft
1 EL 8-Kräuter-Mischung (TK)
1 kleine Prise Zucker
Salz und Pfeffer aus der Mühle

Nährwerte p. P.

61 kcal
6 g Fett
1 g Kohlenhydrate
1 g Eiweiß

1 Schälen Sie die Knoblauchzehen und drücken Sie sie durch eine Knoblauchpresse. Ganz nach Ihren Vorlieben können Sie natürlich auch mehr Knoblauch verwenden, nur bedenken Sie, dass die Soße noch durchzieht, was den Geschmack intensiver macht und unter Umständen dazu führt, dass der Knoblauch "beißt".

2 Nehmen Sie nun eine große Schüssel und vermischen Sie alle Zutaten miteinander. Schmecken Sie mit Salz und Pfeffer ab. Lassen Sie die Soße für 3 Stunden im Kühlschrank durchziehen. Vor dem Servieren nochmals gut durchrühren.

TWARÓG PIKANTNY

QUARK PIKANT ANGEMACHT

4 Port. | 10 Min. | Leicht

Zutaten

250 g Smietana (poln. Sauerrahm, alternativ Crème fraîche oder Schmand)
275 g Twaróg (alternativ Schichtkäse)
1 EL Sonnenblumenöl
2 Frühlingszwiebeln
½ rote Paprika
1 EL Petersilie (frisch oder TK)
1 EL Schnittlauch (frisch oder TK)
bunter Pfeffer aus der Mühle, Salz
Paprikapulver, rosenscharf und Paprikapulver, edelsüß
1 Msp. Liebstöckelpulver

Nährwerte p. P.

173 kcal
14 g Fett
4 g Kohlenhydrate
8 g Eiweiß

1 Waschen Sie die Frühlingszwiebeln und die Paprika. Entfernen Sie die Kerne und die Zellwände der Paprika und schneiden Sie sie anschließend in ganz kleine Würfel. Sie sollten ungefähr die Größe einer Linse haben.

2 Schneiden Sie nun die Frühlingszwiebeln samt grüner Anteile in feine Röllchen. Geben Sie Twaróg und Smietana in eine Schüssel und schlagen Sie mit einem Schneebesen das Öl darunter. Es sollte eine geschmeidige, glänzende Creme entstehen. Heben Sie nun die Paprikawürfel und die Frühlingszwiebelröllchen unter.

3 Schmecken Sie die Creme mit den Gewürzen herzhaft ab.

4 Servieren Sie den pikanten Twaróg zu Stampfkartoffeln oder füllen Sie Pierogi damit.

SOS GRZYBOWY

POLNISCHE PILZSOSSE

4 Port. 20 Min. Leicht

Zutaten

500 g frische Pilze (z. B. Steinpilze)
1 Zwiebel
2 Knoblauchzehen
50 g Butter
2 EL Öl
125 ml süße Sahne
5 EL Weißwein
2 EL gehackte Petersilie
Salz und Pfeffer aus der Mühle

Nährwerte p. P.

337 kcal
25 g Fett
6 g Kohlenhydrate
9 g Eiweiß

1 Putzen Sie die Pilze mit einem Messer und einer Pilzbürste (nicht waschen, sonst spülen Sie das Aroma heraus und die Pilze saugen sich mit Wasser voll). Schneiden Sie die Stiele in Scheiben und die Hüte in Streifen. Schälen Sie Zwiebel und Knoblauch und hacken Sie beides fein.

2 Erhitzen Sie 30 g der Butter und einen EL des Öls in der Pfanne und lassen Sie die Zwiebel darin für 5 Minuten aus. Geben Sie nun auch den Knoblauch hinein und braten Sie beides für weitere 2 Minuten. Löschen Sie mit dem Weißwein ab und reduzieren Sie unter hoher Hitze die Soße ein, bis sie sehr dickflüssig ist.

3 Geben Sie jetzt die verbliebene Butter und das restliche Öl in die Pfanne, fügen Sie die Pilze hinzu und kochen Sie beides bei hoher Hitze für ca. 6 Minuten. Nehmen Sie die Hitze wieder zurück und gießen Sie die Sahne hinzu. Mit Salz und Pfeffer abschmecken und mit Petersilie garniert zu Tisch bringen.

SOS MUSZTARDOWY

POLNISCHE SENFSAUCE

4 Port. 15 Min. Leicht

Zutaten

4 EL Senf (keinen körnigen, ansonsten sind Sie frei in der Auswahl)
2 EL Butter
2 EL Mehl
2 TL Meerrettich
½ l Gemüsefond
Salz und Pfeffer aus der Mühle
nach Geschmack Nelkenpulver, Pimentpulver, Zwiebelpulver, Knoblauchpulver
frische Schnittlauchröllchen (als Garnitur)

Nährwerte p. P.

66 kcal
4 g Fett
5 g Kohlenhydrate
1 g Eiweiß

1 Schmelzen Sie die Butter in einem Topf. Geben Sie nach und nach das Mehl hinzu, lassen Sie die Masse immer wieder aufwallen, um eine Mehlschwitze herzustellen. Löschen Sie zunächst mit einem Viertel des Gemüsefonds ab.

2 Rühren Sie mit einem Schneebesen den Senf und den Meerrettich ein. Lassen Sie die Soße wieder aufkochen. Ist sie noch zu zäh, geben Sie nach und nach unter ständigem Rühren Gemüsefond hinzu, bis sie etwa die Konsistenz eines Dips erreicht hat.

3 Schmecken Sie nach Ihren Vorlieben mit den Gewürzen ab. Füllen Sie die Senfsoße noch warm in ein ausgekochtes Schraubglas, so hält sie sich einige Wochen im Kühlschrank. Nach zwei Wochen ist er noch einmal richtig durchgezogen und intensiver im Aroma, gehen Sie daher mit den Gewürzen im Zweifelsfall lieber etwas sparsamer um.

4 Möchten Sie aus dieser Senfsoße eine etwas Flüssigere herstellen, so entnehmen Sie 2 EL dieser Soße als Basis und strecken Sie sie mit Gemüsefond, bis sie die gewünschte Konsistenz erreicht hat.

5 Garnieren Sie die Soße vor dem Servieren mit frischen Schnittlauchröllchen.

Tipp: Senfsoße reicht man zu gekochten Eiern, Fleisch oder Fisch, aber natürlich auch zu Gemüsesticks. Ebenso lassen sich Eintöpfe damit würzen.

ZUKÓWKOER SCHLAMM

4 Port. | 5 Min. | Leicht

Zutaten

2 Becher Twaróg
2 Becher Smietana
3 Zehen Knoblauch
2 TL Sonnenblumenöl
1 EL gehackter Dill (frisch oder TK)
1 EL gehackte Petersilie (frisch oder TK)
1 EL Schnittlauch, in Röllchen geschnitten (frisch oder TK)
Salz, Pfeffer
nach Belieben eine Prise gemahlener Liebstöckel
nach Belieben ein kleines Teelöffelchen Senf

Nährwerte p. P.

435 kcal
42 g Fett
7 g Kohlenhydrate
5 g Eiweiß

1 Dieses Rezept ist so simpel, dass man eigentlich gar nichts groß beschreiben muss.

2 Fügen Sie einfach alle Zutaten in einer Schüssel zusammen, drücken Sie den Knoblauch durch eine Knoblauchpresse, mengen Sie alles gut durch und schmecken Sie alles mit den Gewürzen ab.

3 Servieren Sie den Schlamm zu Gemüsesticks oder Ofenkartoffeln.

Tipp: Am zweiten Tag schmeckt er noch besser.

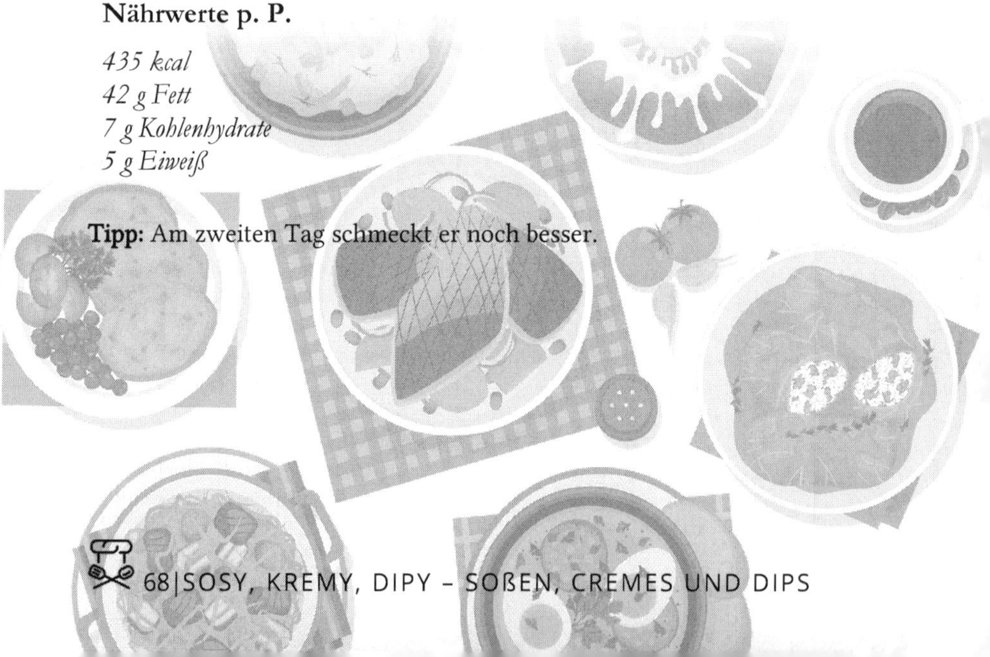

ANGEMACHTER SCHAFSKÄSE

4 Port. | 10 Min. | Leicht

Zutaten

400 g Schafskäse
½ Zitrone (der Saft davon)
2 Knoblauchzehen
1 mittelgroße Zwiebel
4 Kirschtomaten
Viele verschiedene, frische Gartenkräuter (Schnittlauch, Petersilie, Dill, Rosmarin, Thymian, Pimpinelle, Salbei, Liebstöckel, Borretsch, Kresse – ganz, wie es Ihnen beliebt)
Salz und Pfeffer

Nährwerte p. P.

404 kcal
25 g Fett
7 g Kohlenhydrate
24 g Eiweiß

1 Schälen Sie die Zwiebel und die Knoblauchzehen, zerkleinern Sie beides mit dem Wiegemesser in ganz feine Stückchen. Waschen Sie die Kirschtomaten, entfernen Sie die Kerne und schneiden Sie das Fruchtfleisch in kleine Würfel.

2 Zermusen Sie den Schafskäse mit einer Gabel und würzen Sie ihn mit Salz, Pfeffer und dem Saft der halben Zitrone. Waschen Sie die frischen Gartenkräuter und wiegen Sie diese ebenfalls mit dem Wiegemesser.

3 Heben Sie die Kräuter zusammen mit der Zwiebel, dem Knoblauch und den Kirschtomaten unter den Schafskäse.

4 Lassen Sie den Käse über Nacht im Kühlschrank gut durchziehen. Am nächsten Tag mit Schnittlauchröllchen garniert servieren.

SOS CZEKOLADOWY

SCHOKOLADENSOßE

4 Port. | 15 Min. | Leicht

Zutaten

Bain Marie
200 g gute Zartbitterschokolade
50 ml Milch, 3,5 %
100 ml süße Sahne
1 TL Butter
nach Belieben Chiliflocken oder Cayenne-Pfeffer

Nährwerte p. P.

371 kcal
31 g Fett
22 g Kohlenhydrate
4 g Eiweiß

1 Setzen Sie einen Topf mit Wasser auf und bringen Sie dieses zum Kochen. Brechen oder hacken Sie die Schokolade in kleine Stücke. Setzen Sie das Bain Marie auf den Topf (Sie können auch eine andere, hitzefeste Schüssel in den Topf stellen, wichtig ist nur, dass kein Wasser in die Schokolade schwappen kann) und geben Sie die Schokolade hinein.

2 Schmelzen Sie die Schokolade unter gelegentlichem Rühren. Wenn Sie komplett geschmolzen ist, geben Sie esslöffelweise unter stetigem Rühren die Milch und die Sahne hinzu.

3 Nehmen Sie das Bain Marie vom Topf, lassen Sie es ganz leicht abkühlen und ziehen Sie vorsichtig die Butter unter. Würzen Sie nach Belieben mit Chiliflocken oder Cayenne-Pfeffer. Dies hebt die Aromen der Schokolade hervor.

Tipp: Man reicht die Soße zu gedünsteten Birnen, Eis oder Waffeln.

Przekaski dla posrednich – Snacks

NALESNIKI

POLNISCHER QUARKPFANNKUCHEN

6 Port. | 30 Min. | Leicht

Zutaten

Für den Teig:
200 g Mehl
2 Eier
Salz
250 ml Wasser
250 ml Milch

Für die Füllung:
500 g Quark, 40 % Fett
1 Eigelb
1 Prise Salz
Zucker nach Geschmack
1 Vanilleschote oder 1 Msp. Vanillepaste
½ Tüte Vanillepuddingpulver
60 g Butter (zum Backen)
Puderzucker (zum Bestreuen)

Nährwerte p. P.

475 kcal
27 g Fett
29 g Kohlenhydrate
23 g Eiweiß

1 Bereiten Sie aus den Zutaten für den Teig einen glatten Pfannkuchenteig zu. Sie brauchen hierbei nichts Besonderes zu beachten, außer dass er keine Klümpchen enthalten darf.

2 Kratzen Sie mit einem Messer das Vanillemark aus der Schote. Geben Sie das Eigelb in eine große Schüssel, wo Sie es mit dem Schneebesen mit dem Quark, dem Salz, dem Zucker und der Vanille glattrühren. Rühren Sie nun das Vanillepuddingpulver unter, achten Sie auch hier wieder darauf, dass es nicht klumpt.

3 Schmelzen Sie nun die Butter in der Pfanne und geben Sie eine Kelle des Pfannkuchenteigs hinein, sodass ein kleiner Fladen entsteht. Sobald er auf der Oberseite leicht fest geworden ist, wenden Sie den Pfannkuchen. Geben Sie nun etwas von der Füllung in die Mitte des Pfannkuchens und schlagen Sie diesen zweimal um, sodass ein Dreieck (bzw. ein Viertel) entsteht. Braten Sie den Pfannkuchen von beiden Seiten goldbraun. Mit Puderzucker bestäuben und warm servieren.

Tipp: Man kann den Pfannkuchen auch mit Zimt und Zucker bestreuen anstatt mit Puderzucker. Serviert wird er mancherorts auch mit Sahne und Marmelade.
Die ausgekratzte Vanilleschote brauchen Sie nicht zu entsorgen – geben Sie diese einfach mit 1 kg Zucker in ein geschlossenes Gefäß und stellen Sie auf diese Weise ihren eigenen Vanillezucker her.

JAJKA NADZIEWANE

GEFÜLLTE EIER

4 Port. | 18 Min. | Leicht

Zutaten

100 g gekochter Schinken
1 Bund Schnittlauch
Je 100 g Ketchup und Mayonnaise
200 g Gewürzgurken
2 TL Senf
2 EL gehackter Dill
Salz, weißer Pfeffer

Nährwerte p. P.

544 kcal
41 g Fett
13 g Kohlenhydrate
32 g Eiweiß

1 Kochen Sie die Eier wachsweich. Schneiden Sie den Schnittlauch in feine Röllchen und den Schinken in feinste Würfelchen. Die Gewürzgurken fein hacken. Schrecken Sie die Eier ab, schneiden Sie sie der Länge nach auf und entnehmen Sie das Eigelb.

2 Zerdrücken Sie das Eigelb mit einer Gabel und vermischen Sie es mit allen anderen Zutaten. Schmecken Sie mit Salz und Pfeffer ab und füllen Sie die Mulde im Ei auf. Setzen Sie die Eihälften auf eine Platte und bestreuen Sie sie mit etwas Dill.

GNIAZDKA BOCZKOWE ZE ŚLIWKAMI

PFLAUMEN IM SPECKMANTEL

20 Port. 15 Min. Leicht

Zutaten

20 Scheiben roher Schinken
20 getrocknete Pflaumen
20 Zahnstocher

Nährwerte p. P.

93 kcal
2 g Fett
12 g Kohlenhydrate
7 g Eiweiß

1 Heizen Sie den Ofen auf 200 °C Ober- /Unterhitze vor.

2 Umwickeln Sie je eine Pflaume mit je einer Scheibe Speck und fixieren Sie beides mit einem Zahnstocher. Setzen Sie die Pflaumenspieße auf ein mit Backpapier ausgelegtes Backblech und backen Sie sie für 12 Minuten.

3 Die Pflaumen im Speckmantel schmecken warm oder kalt.

ZAPIEKANKI

ÜBERBACKENES CHAMPIGNON-BAGUETTE

8 Port. | 30 Min. | Leicht

Zutaten

4 Baguettebrötchen
1 rote Zwiebel
1 Knoblauchzehe
400 g frische Champignons
1 kleines Bund gehackte Petersilie
2 EL Rapsöl
4 EL Ketchup
150 g Reibekäse
Salz und Pfeffer

Nährwerte p. P.

185 kcal
9 g Fett
18 g Kohlenhydrate
7 g Eiweiß

1 Heizen Sie den Backofen auf 200 °C Ober-/Unterhitze vor, wenn vorhanden, nutzen Sie die Grillfunktion.

2 Putzen und vierteln Sie die Champignons. Schälen Sie die Zwiebel und den Knoblauch und hacken Sie beides fein. Erhitzen Sie das Öl in der Pfanne und braten Sie die Zwiebeln, den Knoblauch und die Pilze darin an.

3 Waschen und hacken Sie die Petersilie. Schneiden Sie die Baguettebrötchen in 2 Hälften und verteilen Sie die Pilzmischung darauf, würzen Sie mit Salz und Pfeffer.

4 Bestreuen Sie die Baguettes mit dem Reibekäse und backen Sie die Zapiekanki für 10 Minuten im Ofen. Wenn die Baguettes goldbraun sind, herausnehmen und mit dem Ketchup verzieren.

Info: Zapiekanki sind ein beliebter Sattmacher für zwischendurch, den es in vielen verschiedenen Variationen gibt. Ob mit Thunfisch, Tomaten, Avocado oder Hackfleisch oder auf Toastbrot statt auf Baguette – es gibt ihn fast überall und eines haben alle gemeinsam: Am Käse wird nicht gespart.

FASZEROWANE POMIDORY

ZIMNEGEFÜLLTE KALTE TOMATEN

6 Port. 10 Min. Leicht

Zutaten

6 Roma-Tomaten
150 g Käsewürfel
150 g Schinkenwürfel
150 g Frischkäse
3 EL Schnittlauchröllchen
5 TL Mayonnaise
Salz und Pfeffer

Nährwerte p. P.

262 kcal
21 g Fett
6 g Kohlenhydrate
13 g Eiweiß

1 Schneiden Sie die Kappe der Tomaten ab und holen Sie vorsichtig mit einem Löffel das Fruchtfleisch heraus.

2 Vermischen Sie die Käse- und die Schinkenwürfel mit dem Frischkäse, der Mayonnaise und dem Schnittlauch und schmecken Sie mit Salz und Pfeffer ab.

3 Füllen Sie die Frischkäsemasse in die Tomaten und setzen Sie den Deckel wieder auf.

Tipp: Die Tomaten können bis zu 4 Stunden vorher zubereitet werden.

KULECZKI SEROWE Z ORZECHAMI

KÄSE-NUSS-BÄLLCHEN

10 Port. | 1 Std. 15 Min. | Leicht

Zutaten

135 g Twoj Smak (alternativ Frischkäse Doppelrahmstufe, darf nicht fluffig sein)
120 g Feta
40 g getrocknete Cranberrys
50 g Walnüsse
Salz und weißer Pfeffer

Nährwerte p. P.

129 kcal
10 g Fett
4 g Kohlenhydrate
4 g Eiweiß

1 Hacken Sie die Walnüsse und rösten Sie sie in einer Pfanne ohne Öl an. Beiseitestellen.

2 Zerdrücken Sie den Feta mit einer Gabel und hacken Sie die Cranberrys. Geben Sie den Frischkäse in eine Schüssel und rühren Sie den Feta und die Cranberrys unter. Verarbeiten Sie die Zutaten zu einer glatten Masse und schmecken Sie mit Salz und Pfeffer ab.

3 Feuchten Sie Ihre Hände an und formen Sie kleine Kugeln, welche Sie auf eine Platte oder einen Teller setzen und für 1 Stunde im Kühlschrank ruhen lassen. Vor dem Servieren wälzen Sie die Bällchen in den gerösteten Walnüssen.

Deser – Desserts

BUDYŃ KAWOWY JAK U BABCI

OMA ELLAS MOKKAPUDDING

8 Port. | 20 Min. | Mittel

Zutaten

1 l Milch
4 Eier
4 EL Zucker
2 Tassen sehr starker Bohnenkaffee
8 Blatt Gelatine, aufgelöst in kaltem Wasser
500 ml Sahne, steif geschlagen
6 cl brauner Rum
1 Pck. Vanillezucker
1 Prise Salz
Das Mark einer Vanilleschote
geschlagene Sahne und 12 Mokkabohnen als Garnitur

Nährwerte p. P.

228 kcal
24 g Fett
5 g Kohlenhydrate
8 g Eiweiß

1 Trennen Sie die Eier und schlagen Sie das Eiweiß mit einer Prise Salz in einer fettfreien Schüssel steif. Schlagen Sie in einer weiteren Schüssel die Sahne steif, nehmen Sie einen Teil davon ab für die spätere Dekoration.

2 Setzen Sie zwei Tassen guten, starken Bohnenkaffee auf. Kratzen Sie das Mark aus der Vanilleschote und kochen Sie es mit der Hälfte der Milch auf. Geben Sie den Kaffee dort hinein und lassen Sie die Kaffeemilch eine halbe Stunde ziehen. Verquirlen Sie das Eigelb, den Zucker, den Rum und den Vanillezucker mit der anderen Hälfte der Milch.

3 Rühren Sie nun die Kaffeemilch und die Zucker-Ei-Milch zusammen und lassen Sie diese unter ständigem Rühren in einem Wasserbad andicken. Bereiten Sie unterdessen die Gelatine nach Packungsanweisung zu. Ziehen Sie die Gelatine unter die eingedickte Kaffeemilch, verkochen Sie beides kurz und lassen Sie es abkühlen.

4 Wenn kein Risiko mehr besteht, dass die Sahne gerinnt, rühren Sie die geschlagene Sahne ein. Der Pudding sollte nun etwas abkühlen. Danach ziehen Sie den Eischnee unter, füllen den Pudding in eine Glasschale und dekorieren ihn mit der geschlagenen Sahne und den Mokkabohnen. Im Kühlschrank für mindestens zwei Stunden ruhen lassen.

KREM ROSIJKOWY

RUSSISCHE CREME

4 Port. | 2 Std. 25 Min. | Leicht

Zutaten

3 Eier
125 g Zucker
3 EL Orangensaft
250 ml Rotwein
2 EL brauner Rum
4 Blatt Gelatine (oder Agartine für eine vegetarische Variante)
125 ml Sahne

Zum Garnieren:
Geschlagene Sahne, Pistazien, Mandarinen oder rote Früchte

Nährwerte p. P.

307 kcal
2 g Fett
7 g Kohlenhydrat
11 g Eiweiß

1 Weichen Sie die Gelatineblätter nach Packungsanweisung ein (verfahren Sie mit der Agartine ebenfalls nach Packungsanweisung, falls zutreffend). Trennen Sie die Eier, geben Sie das Eigelb gleich in einen Topf, schlagen Sie das Eiweiß in einer fettfreien Schüssel zu einem festen Eischnee. Schlagen Sie in einer zweiten Schüssel die Sahne steif.

2 Geben Sie nun den Wein, den Zucker und den Orangensaft in den Topf mit dem Eigelb und kochen Sie es unter ständigem Schlagen mit dem Schneebesen bei mittlerer Hitze auf. Lassen Sie die Masse kurz aufwallen.

3 Nehmen Sie den Topf vom Herd und geben Sie den Rum sowie die Gelatine in die noch heiße Speise und verrühren Sie alles. Stellen Sie nun die Creme so lange in den Kühlschrank, bis sie halbfest ist. Das sollte etwa 45 Minuten dauern (je nach Form und Größe der Schüssel).

4 Ziehen Sie nun die Sahne und den Eischnee unter, dekorieren Sie die Creme nach Ihren Vorstellungen und stellen Sie sie mindestens für eine Stunde wieder kalt.

MAKÓWKI

MOHNSCHICHTDESSERT

6 Port. | 8,5 Std. | Leicht

Zutaten

1 l Milch, 3,5 % Fett
200 g gemahlener Mohn
3 altbackene Weizenbrötchen
3 EL Honig
100 g Zucker
1 Prise Salz
1 Vanilleschote
50 g Butter
120 g Mandelstifte oder Mandelblättchen
100 g Rosinen
1 Schuss brauner Rum
Ggf. Mandeln und Rosinen als Garnitur (es eignen sich auch Kokosflocken oder an-dere Trockenfrüchte)

Nährwerte p. P.

678 kcal
38 g Fett
57 g Kohlenhydrate
21 g Eiweiß

1 Kratzen Sie das Mark aus der Vanilleschote und erhitzen Sie die Milch. Geben Sie das Vanillemark, die Vanilleschote, die Butter, den Honig und eine Prise Salz in die Milch und kochen Sie die Milch so lange bei geringer Hitze, bis sich Honig und Butter aufgelöst haben. Nun den Topf vom Herd nehmen.

2 Spülen Sie den Mohn heiß ab, das geht am besten, indem Sie den Mohn in ein Leinentuch geben, ihn mit kochendem Wasser übergießen und dann ausdrücken. Sie können aber auch ein sehr feines Sieb verwenden.

3 Geben Sie den Mohn in die Milch, rühren Sie ihn sorgfältig unter und kochen Sie ihn für 10 Minuten unter ständigem Rühren bei schwacher Hitze. Fügen Sie nun den Zucker, die Rosinen und die Mandeln hinzu (wenn Sie möchten, können Sie diese vorher in einer Pfanne ohne Öl kurz anrösten), gießen Sie einen Schuss braunen Rum in die Mohnmasse und lassen Sie die Mischung für weitere 5 Minuten köcheln. Die Mohnmasse sollte die Konsistenz von Grießbrei haben.

4 Schneiden Sie die Brötchen in etwa 1 cm dicke Scheibchen, ggf. schneiden Sie die Brötchen vorher der Länge nach durch, damit die Stücke nicht zu groß werden.

5 Holen Sie die Vanilleschote aus der Mohnmasse und schichten Sie abwechselnd Brötchenstücke und Mohn in eine Schüssel. Den Abschluss sollte der Mohn bilden. Dekorieren Sie nach Belieben mit Rosinen, Nüssen oder Kokosflocken. Das Dessert über Nacht im Kühlschrank ziehen lassen. Makowki hält sich gekühlt etwa 5 Tage.

Tipp: Traditionell wird Makowki an Weihnachten als Dessert serviert, weswegen viele Polen schöne Erinnerungen damit verbinden. In einigen Regionen wird anstatt der Brötchen auch Zwieback verwendet.

Ciasta i wypieki – Kuchen und Gebäck

MAKOWIEC

POLNISCHER MOHNSTRUDEL

10 Port. | 1 Std. 5 Min. | Leicht

Zutaten

Für den Teig:
125 ml lauwarme Milch
10 g weißer Zucker
1 Päckchen Trockenhefe
250 g Weizenmehl Typ 405
25 g zimmerwarme Butter
1 Eigelb
etwas Vanilleextrakt
1 Prise Salz

Für die Füllung:
50 g Zucker
150 g Mohn
5 g weiche Butter
1 Eiweiß
25 g Honig
100 g Rosinen
½ EL neutrales Pflanzenöl

Als Garnitur (nach Belieben):
1 Ei
2 TL Mohn

Nährwerte p. P.

335 kcal
15 g Fett
33 g Kohlenhydrate
13 g Eiweiß

1 Heizen Sie den Backofen auf 180 °C Ober-/Unterhitze (Umluft max. 160 °C!) vor.

2 Geben Sie den Mohn in einen Topf und übergießen Sie ihn mit heißem Wasser. Lassen Sie ihn über Nacht ziehen. Nun erhitzen Sie die Milch auf ca. 40 °C (nicht wärmer!) und geben sie zusammen mit der Hefe, dem Zucker und dem Vanilleextrakt in eine Schüssel. Einmal gut verrühren und für 10 Minuten ruhen lassen.

3 Trennen Sie nun ein Ei, schlagen Sie in einer sauberen, fettfreien Schüssel das Eiweiß zu Eischnee. Die Zugabe von Salz oder Zitronensaft ist hier nicht nötig. Geben Sie das Eigelb zusammen mit dem Salz und der zimmerwarmen Butter in eine Schüssel und schlagen Sie das Ganze einmal kurz auf.

4 Nun das Mehl hinzugeben und mit den Händen zu einem geschmeidigen Teig kneten. Geben Sie den Teigrohling nun in eine gefettete Schüssel und lassen Sie ihn an einem warmen Ort für 1,5 Stunden zugedeckt ruhen.

5 Währenddessen können Sie den Mohn abschütten und das überschüssige Wasser mittels eines feinen Siebes herauspressen. Geben Sie die Masse in einen Mixer und mixen Sie sie für 3 Minuten auf der höchsten Stufe durch.

6 Fügen Sie nun 5 g Butter, den Zucker, den Honig, das Öl, die Rosinen und das Eiweiß hinzu und mixen Sie die Zutaten erneut auf höchster Stufe für etwa 3 Minuten durch. Heben Sie den Eischnee unter die gemixte Mohnmasse.

7 Nehmen Sie nun den aufgegangenen Teig aus der Schüssel, kneten Sie ihn mit den Händen nochmals durch und rollen Sie ihn zu einem Rechteck mit einer Kantenlänge von ungefähr 25 x 35 cm aus. Bestreichen Sie das Rechteck nun mit der Mohnmasse, lassen Sie dabei unbedingt einen Rand! Nun den Teig von der langen Seite her zusammenrollen, die Enden nach unten einschlagen und selbige zusammendrücken, damit die Mohnmasse nicht wieder herausläuft.

8 Legen Sie nun den Strudel auf das Blech und bedecken Sie ihn mit einem Geschirrtuch, um ihn weitere 30 Minuten an einem warmen Ort ruhen zu lassen. Hiernach können Sie den Strudel mit einem geschlagenen Ei bestreichen und mit Mohn bestreuen. Backen Sie ihn nun 35 Minuten, bis er eine goldene Farbe angenommen hat.

SZARLOTKA

KLASSISCHER APFELKUCHEN

4 Port. | 1 Std. 45 Min. | Leicht

Zutaten

Für den Teig:
1 Ei
50 g Zucker
300 g Mehl
200 g Butter
100 g Puderzucker
2 TL Vanillezucker
1 Prise Salz
ggf. Puderzucker zum Bestäuben

Für die Apfelfüllung:
1,5 kg süß-säuerliche Äpfel
2 EL Zucker
1 TL gemahlener Zimt

Springform mit 24 cm Durchmesser

Nährwerte p. P.

319 kcal
30 g Fett
44 g Kohlenhydrate
2 g Eiweiß

1 Fetten und mehlen Sie eine 24-cm-Springform aus und heizen Sie den Backofen auf 180 °C Ober-/Unterhitze vor.

2 Schlagen Sie mit dem Rührgerät Ei, Zucker, Puderzucker und Vanillezucker schaumig, geben Sie nach und nach die Butter und das Salz in die Schüssel, bis eine cremige Masse entsteht. Sieben Sie das Mehl hinein und verkneten Sie die Zutaten zu einem geschmeidigen Teig.

3 Teilen Sie den Teig in zwei Teile, die eine Hälfte legen Sie in den Kühlschrank, mit der anderen Hälfte kleiden Sie den Boden der Springform aus und ziehen einen kleinen Rand hoch. Backen Sie den Boden für 20 Minuten im Ofen.

4 In der Zwischenzeit schälen Sie die Äpfel und schneiden sie in kleine Stücke. Kochen Sie die Apfelstücke mit dem Zucker in einem Topf für etwa 10 Minuten, geben Sie am Ende der Zeit den Zimt hinein und rühren Sie gut um. Verteilen Sie die Apfelfüllung auf dem gebackenen Boden.

5 Holen Sie nun die verbliebene Hälfte des Teiges aus dem Kühlschrank und reiben Sie mit einer Reibe kleine Röllchen ab. Verteilen Sie die Teigröllchen auf der Apfelfüllung und backen Sie den Kuchen nochmals für 45 Minuten.

6 Anschließend abkühlen lassen, aus der Springform holen und mit Puderzucker bestäuben.

KARPATKA

PUDDINGSCHNITTEN

1 Port. | 1 Std. 10 Min. | Mittel

Zutaten

Für den Teig:
250 ml Wasser
125 g Butter
145 g Mehl
½ Pck. Backpulver
4 Eier

Für die Cremefüllung:
500 ml Milch, 3,5 % Fett
1,5 Pck. Vanillepudding-pulver
80 g Zucker
1 Prise Salz
200 g Butter

Nach Belieben Puderzucker zum Bestäuben

Nährwerte p. P.

105 kcal
9 g Fett
5 g Kohlenhydrate
2 g Eiweiß

1 Um den Teig zuzubereiten, bringen Sie das Wasser und die Butter zum Kochen. Nehmen Sie die Hitze leicht zurück und rühren Sie das Mehl, eine Prise Salz und das Backpulver kräftig unter. Die Masse erkalten lassen und den Backofen auf 200 °C Ober-/Unterhitze vorheizen.

2 Mixen Sie mit dem Rührgerät ein Ei nach dem anderen in den Topf mit dem Mehl-Butter-Gemisch. Den Teig auf höchster Stufe nochmals 4 Minuten durchmixen. Legen Sie zwei Backbleche mit Backpapier aus und streichen Sie je eine Hälfte des Teiges darauf. Backen Sie die beiden Teighälften für 20 bis 25 Minuten im Ofen goldbraun und lassen Sie beide auskühlen.

3 In der Zwischenzeit bereiten Sie die Puddingcreme zu. Hierzu rühren Sie das Puddingpulver mit dem Zucker und 200 ml Milch glatt und bringen die restlichen 300 ml Milch in einem Topf zum Kochen. Rühren Sie die Puddingbasis ein und köcheln Sie den Pudding bei schwacher Hitze unter ständigem Rühren, bis er dick wird. Nehmen Sie den Topf vom Herd und lassen Sie den Pudding abkühlen. In dieser Zeit erwärmen Sie die Butter auf Zimmertemperatur und ziehen sie anschließend unter den ausgekühlten Pudding. Die Butter darf nicht gerinnen!

4 Streichen Sie nun die Puddingcreme auf eine der beiden Teighälften und legen Sie die andere Hälfte darauf. Mit Puderzucker bestreuen und servieren.

Tipp: Entweder schneiden Sie die Karpatka vor dem Servieren in Stücke oder Sie überlassen es Ihren Gästen.

MAZUREK ORZECHOWO CZEKOLADOWY

TRADITIONELLER OSTERKUCHEN

1 Port. | 2 Std. 10 Min. | Leicht

Zutaten

Für den Teig:
200 g Mehl
150 g Butter
70 g Zucker
1 Ei
1 Prise Salz
100 g gemahlene Haselnüsse

Für die Füllung:
100 g gute Bitterschokolade
200 g Vollmilchschokolade
150 g Pflaumenmus
150 ml Sahne
Nüsse als Garnitur

Nährwerte p. P.

263 kcal
19 g Fett
19 g Kohlenhydrate
4 g Eiweiß

1 Verkneten Sie alle Zutaten für den Teig zu einer glatten Masse, formen Sie eine Kugel daraus und lassen Sie die Teigkugel für 1 Stunde im Kühlschrank ruhen. Heizen Sie den Backofen auf 180 °C Ober- /Unterhitze vor und legen Sie eine Fettpfanne mit Backpapier aus.

2 In der Zwischenzeit erhitzen Sie Wasser in einem Topf und geben die Sahne ins Bain Marie. Bröckeln Sie die Schokolade in die Sahne und schmelzen Sie die Zutaten unter gelegentlichem Rühren. Stellen Sie die Schokolade warm, sodass sie nicht fest werden, aber auch nicht verbrennen kann.

3 Nehmen Sie nun den Teig aus dem Kühlschrank, bemehlen Sie Ihre Hände und die Arbeitsfläche und rollen Sie den Teig zu einem Rechteck aus. Es sollte jetzt schon etwa so groß wie das spätere Backblech sein. Legen Sie den Teig auf das Backblech und ziehen Sie ringsum einen fingerdicken Rand hoch.

4 Stechen Sie mit einer Gabel Löcher in den Boden des Teigs und drücken Sie mit den Gabelzinken ein hübsches Muster in den Teigrand. Bestreichen Sie nun den Boden des Kuchens mit dem Pflaumenmus. Rühren Sie die Schokolade nochmals gut durch und gießen Sie die Füllung auf den Kuchen. Backen Sie den Osterkuchen für 35 bis 40 Minuten im Backofen (ggf. Stäbchenprobe machen).

5 Entnehmen Sie den Kuchen, dekorieren Sie ihn z. B. mit ganzen und zerkleinerten Walnüssen und lassen Sie ihn auskühlen.

Info: Mazurek besteht im Grunde aus einem Mürbeteig, der mit allen erdenklichen Füllungen zubereitet wird. Es gibt ihn zumeist in rechteckiger Form, aber auch in Form eines Ostereis, weil er gerade an Ostern so viel verzehrt wird. Traditionellerweise wurde er mit einer Füllung aus Haselnüssen hergestellt, heutzutage gibt es aber fast nichts, was es nicht gibt. Die Füllungen sind so vielfältig wie die Bäcker, die ihn backen. Von cremig bis fruchtig und von nussig bis schokoladig – auf einem Mazurek findet alles seinen Platz. Eines haben aber alle Mazurek gemeinsam: Sie haben immer einen kunstvoll verzierten Rand aus Teigzöpfen, Baiser, Mokkabohnen, Schokoladentröpfchen, Keksen oder anderen dekorativen Elementen. Auch essbare Blüten kommen hier gerne zum Einsatz. Lassen Sie Ihrer Kreativität gerne freien Lauf und nutzen Sie dieses Grundrezept für Ihre eigenen Ideen.

PIERNIK

POLNISCHER GEWÜRZKUCHEN

! Port. | 1,5 Std. | Leicht

Zutaten

2,5 Tassen Mehl (entspricht 400 g, als Richtwert)
¾ Tasse Zucker
2 EL Kakao
?EL Honig
1 Prise Salz
2 gestrichene EL Lebkuchengewürz
1 TL Natron
¾ Tasse geschmolzene und leicht abgekühlte Butter
1 Tasse lauwarme Milch, 3,5 % Fett
2 Eier
½ Tasse eingelegte und wieder abgetropfte Rosinen
3 EL gehackte Nüsse
Pflaumenmus zum Bestreichen

Für die Glasur:
100 g Kuvertüre
ggf. gehackte Nüsse zum Dekorieren

Nährwerte p. P.

272 kcal
12 g Fett
32 g Kohlenhydrate
8 g Eiweiß

1 Heizen Sie den Backofen auf 170 °C Ober-/Unterhitze vor, fetten und mehlen Sie eine Kastenbackform aus. Vermischen Sie Mehl, Zucker, Natron, Kakao, Salz und Lebkuchengewürz in einer Schüssel, in einer zweiten rühren Sie Eier, Butter, Honig und Milch schaumig.

2 Rühren Sie nun nach und nach die gemischten trockenen Zutaten ein und verkneten Sie diese zu einem geschmeidigen Teig. Zum Schluss heben Sie die Nüsse und die abgetropften Rosinen unter.

3 Geben Sie den Teig in die Kastenform und backen Sie ihn für 40 bis 50 Minuten (Stäbchenprobe machen!). Wenn der Kuchen fertig und ausgekühlt ist, schneiden Sie ihn der Länge nach in drei Teile und bestreichen die Schnittflächen mit dem Pflaumenmus. Schmelzen Sie die Kuvertüre und überziehen Sie den Kuchen damit, bestreuen Sie ihn nach Belieben mit gehackten Nüssen.

Tipp: Wenn keine Kinder mitessen, können Sie die Rosinen auch in braunem Rum einlegen. Das Pflaumenmus lässt sich selbstverständlich auch durch andere Marmeladensorten ersetzen. Nur Gelee sollte es nicht sein.

Info: Piernik wird üblicherweise in der Weihnachtszeit verzehrt, seine intensiven Aromen passen einfach bestens in diese Jahreszeit. Wer will, darf diesen saftigen, aromatischen Kuchen natürlich auch das ganze Jahr über genießen. Das Gute: Er ist im Handumdrehen zubereitet, ganz ohne Waage! Haben Sie keine Angst vor Tassenrezepten, wichtig ist bloß, dass sie immer die gleiche Tassengröße verwenden.

PIEGUSEK

MOHNRÜHRKUCHEN

2 Port. | 40 Min. | Leicht

Zutaten

1 Tasse Mehl
1 Tasse gemahlener Mohn (kein Mohnback!)
1 Tasse Zucker
½ Tasse zimmerwarme Butter
6 Eier
1 Prise Salz
2 TL Backpulver
4 Tropfen Zitronen-, Mandel- oder Orangenöl
Etwas Puderzucker

Nährwerte p. P.

222 kcal
12 g Fett
85 g Kohlenhydrate
12 g Eiweiß

1 Heizen Sie den Backofen auf 180 °C Ober-/Unterhitze vor. Fetten und mehlen Sie eine Kastenbackform, trennen Sie die Eier und schlagen Sie das Eiweiß mit einer Prise Salz zu Eischnee.

2 Mischen Sie in einer Schüssel Mohn, Mehl und Backpulver. Verquirlen Sie das Eigelb mit der Butter und verkneten Sie beides mit den trockenen Zutaten, bis Sie einen geschmeidigen Teig erhalten. Zu guter Letzt das Aromaöl hineingeben. Nun den Eischnee nach und nach unterziehen.

3 Füllen Sie den Teig in die Kastenform und backen Sie den Mohnkuchen für 35 bis 40 Minuten im Backofen. Überprüfen Sie mittels der Stäbchenprobe, ob der Kuchen fertig ist. Wenn ja, holen Sie ihn aus dem Ofen, lassen ihn abkühlen und bestreuen ihn vor dem Servieren mit Puderzucker.

Tipp: Anstatt mit Puderzucker können Sie den Mohnkuchen auch mit einer Buttermilch-Zitronen-Glasur überziehen. Hierzu Puderzucker mit etwas Buttermilch und einem Spritzer Zitronensaft glattrühren, bis er eine zähflüssige Konsistenz erreicht hat. Damit einfach den Kuchen bestreichen.

Na zdrowie! – Getränke mit Alkohol

GRZANIEC

POLNISCHER GLÜHWEIN

5 Port. | 40 Min. | Leicht

Zutaten

1 Flasche Rotwein (750 ml, es muss kein teurer sein, da ohnehin Gewürze hineinkommen)
2 unbehandelte Orangen
1 unbehandelte Zitrone
1 Zimtstange
5 Nelken
3 Stück Sternanis
2 TL Honig

Für die Garnitur:
Orangenscheiben, Rosmarinzweige oder Zimtstangen

Nährwerte p. P.

257 kcal
1 g Fett
37 g Kohlenhydrate
1 g Eiweiß

1 Waschen Sie die Zitrusfrüchte und schneiden Sie sie in grobe Würfel. Geben Sie alle Zutaten bis auf den Honig in einen großen Topf und lassen Sie sie für 35 Minuten leicht köcheln, dabei immer wieder umrühren.

2 ach Ende der Kochzeit geben Sie den Honig hinzu. Seihen Sie den Grzaniec in Gläser ab und dekorieren Sie diese nach Belieben mit einem kleinen Zweig Rosmarin oder einer halben Orangenscheibe und einer Zimtstange. Genießen Sie den Grzaniec, solange er noch heiß ist.

Gut zu wissen: Man kennt ihn auch unter dem Namen „Grzane Wino“, also Glühwein.

GRZANKA

WARSCHAUER PUNSCH

6 Port. 15 Min. Leicht

Zutaten

800 ml Wodka
2 gehäufte EL Zucker
90 g Butter
1 TL Honig

Nährwerte p. P.

417 kcal
12 g Fett
1 g Kohlenhydrate
0 g Eiweiß

1 Verteilen Sie den Zucker gleichmäßig auf dem Boden eines Topfs und erwärmen Sie ihn nun, bis er zu karamellisieren beginnt. Hierbei nicht rühren! Wenn der Zucker eine schöne, goldbraune Farbe angenommen hat, nehmen Sie unverzüglich den Topf vom Herd.

2 Geben Sie rasch den Wodka hinzu, um den Zucker abzulöschen. Lassen Sie Vorsicht walten, es kann blubbern und ggf. etwas spritzen. Rühren Sie nun alles durch, bis sich Zucker und Wodka verbunden haben.

3 Zum Schluss rühren Sie den Honig und die Butter ein, bis sich alles gut vermischt hat. Servieren Sie den Grzanka in kleinen Punschbechern.

POLNISCHE RAKETE

1 Port. | 3 Min. | Leicht

Zutaten

4 cl Wodka
1 cl Himbeersirup
10 Tropfen roter Tabasco

Nährwerte p. P.

12 kcal
0 g Fett
0 g Kohlenhydrate
0 g Eiweiß

1 Geben Sie zuerst den Wodka in ein hohes Schnapsglas.

2 Lassen Sie dann am inneren Glasrand den Himbeersirup einlaufen, sodass er sich unten im Glas absetzen kann.

3 Zuletzt träufeln Sie den Tabasco hinein. Fertig ist die polnische Rakete. Na zdrowie!

WISNIAK

POLNISCHER SAUERKIRSCHLIKÖR

20 Port. | 3 Mon. | Leicht

Zutaten

500 g Sauerkirschen
1 Tasse Zucker
2 Tassen guter Wodka

Nährwerte p. P.

92 kcal
0 g Fett
11 g Kohlenhydrate
0 g Eiweiß

1 Waschen und entsteinen Sie zuerst die Kirschen, welche Sie im Anschluss in ein 1-Liter-Schraubglas (es eignet sich auch ein Weckglas) geben.

2 Streuen Sie den Zucker gleichmäßig über die Kirschen und lassen Sie als Letztes den Wodka langsam darüberlaufen. Das Glas sollte zwar voll sein, aber oben einen fingerbreiten, freien Bereich haben. Schütteln oder rühren Sie den Ansatz nicht.

3 Schrauben Sie einfach nur den Deckel auf und lagern Sie die Likörbasis für 3 Monate in einem dunklen Raum bei Zimmertemperatur oder ganz einfach im Vorratsschrank. Am Ende der Gärzeit schütten Sie die Früchte ab und genießen den Kirschlikör pur oder auf Eis.

Tipp: Die übriggebliebenen Früchte werden in Polen gerne auf Desserts oder Kuchen gegessen.

Bezalkoholowy – Getränke ohne Alkohol

KOMPOT

POLNISCHE FRUCHTLIMONADE

2 Port. 30 Min. Leicht

Zutaten

1 Tasse grob geschnittene Apfelstücke
1 Tasse Beeren nach Belieben
4 Tassen Wasser
2 TL Honig
evtl. Gewürze nach Belieben (Ingwer, Zimt, Minze, Nelken, Vanille)

Nährwerte p. P.

114 kcal
0 g Fett
19 g Kohlenhydrate
1 g Eiweiß

1 Waschen Sie das Obst und schneiden Sie es in mundgerechte Stücke. Es muss nicht besonders klein sein. Geben Sie das Obst und die Beeren in einen großen Topf und bedecken Sie es mit dem Wasser.

2 Lassen Sie das Ganze nun für 20 Minuten leicht köcheln, dabei gelegentlich umrühren - nicht zu viel, sonst zerfällt das Obst zu einem unansehnlichen Brei. Am Ende der Zeit können Sie nach Belieben Gewürze hinzugeben, Ihrer Kreativität sind hier keine Grenzen gesetzt. Fügen Sie nun den Honig hinzu (das Wasser darf nun nicht mehr kochen!).

3 Füllen Sie den fertigen Kompot in ein Trinkglas oder in ein Schraubglas. Er kann sowohl kalt als auch warm getrunken werden. Reichen Sie zu dem Getränk eine Gabel, damit man die Fruchtstücke aus dem Glas heraus essen kann.

Gut zu wissen: Kompot ist eines der simpelsten Rezepte, die Sie jemals gesehen haben, und dabei aber ausgesprochen lecker und gesund. Es stammt aus einer Zeit, bevor es Limonaden und Cola gab. Im Winter wird Kompot aus Trockenfrüchten (dann heißt er Kompot z suszu und wird traditionell an Weihnachten getrunken) zubereitet, in den warmen Monaten aus frischen Zutaten.
Sie können Kompot praktisch mit allen Obstsorten zubereiten, die Sie lieben oder die gerade Saison haben. Traditionell wird Kompot mit Äpfeln und Beeren (Stachelbeeren, Johannisbeeren, Brombeeren, Himbeeren) hergestellt, weil dies die Obstsorten waren, die während der Saison für praktisch jedermann zur Verfügung standen. Es lässt sich aber auch wunderbar mit Kirschen, Pfirsichen, Weintrauben, Pflaumen, Erdbeeren oder allem anderen Obst herstellen. Wichtig ist nur, dass das Mischungsverhältnis 1:2 besteht, also zwei Tassen Wasser auf eine Tasse Früchte. In Schraubgläsern abgefüllt wird selbstgemachter Kompot im Handumdrehen zu einem dekorativen Geschenk.

KOMPOT Z SUSZU

FRUCHTGETRÄNK AUS TROCKENFRÜCHTEN

6 Port. | 30 Min. | Leicht

Zutaten

500 g Trockenfrüchte (Pflaumen, Aprikosen, Rosinen, Äpfel)
2 l Wasser
1 Zimtstange
3 Nelken
2 TL Honig
Nach Belieben eine frische, unbehandelte Orange

Nährwerte p. P.

43 kcal
0 g Fett
11 g Kohlenhydrate
0 g Eiweiß

1 Geben Sie die Trockenfrüchte und die Gewürze in einen großen Topf und bedecken Sie das Ganze mit dem Wasser. Verrühren Sie die Mischung und köcheln Sie sie nun für 25 Minuten.

2 Schalten Sie den Herd aus und warten Sie, bis das Wasser aufgehört hat, zu simmern. Nun können Sie den Honig hinzufügen. Rühren Sie mehrmals gut um.

3 Gießen Sie das Getränk durch ein Sieb in Gläser oder ein Schraubglas, Kompot z suszu wird ohne die Früchte getrunken, den Satz können Sie anschließend entsorgen. Genießen Sie Ihren warmen Kompot mit einer frischen Orangenscheibe.

POLNISCHER TEE

ALKOHOLFREIE VERSION

8 Port. | 1 Std. 10 Min. | Leicht

Zutaten

750 ml alkoholfreier Weißwein
1 l alkoholfreies Bier
250 g Zucker
8 Eigelb
Je 1 Prise Salz und Zimt
1 unbehandelte Zitrone
¼ Glas Arrak

Nährwerte p. P.

460 kcal
31 g Fett
10 g Kohlenhydrate
16 g Eiweiß

1 Waschen Sie die Zitrone heiß ab. Reiben Sie die Schale zu Zesten ab. Nun geben Sie das Bier, den Wein, die Gewürze und die Zitronenzesten in einen großen Topf und kochen die Mischung auf, rühren Sie dabei gelegentlich um.

2 Nun für eine Stunde abkühlen lassen (Sie müssen es nicht unbedingt in den Kühlschrank stellen, Zimmertemperatur genügt) und anschließend das Eigelb unterziehen.

3 Schmecken Sie den Tee mit Arrak ab, erwärmen Sie ihn langsam wieder auf eine angenehme Trinktemperatur und servieren Sie ihn stilecht in einer Thermoskanne. Zum Wohl!

HOLUNDERLIMONADE

8 Port. | 2 Tage | Leicht

Zutaten

20 große Holunderblütendolden (Blüte: Mai und Juni)
1 l Leitungswasser
1 l Mineralwasser mit Kohlensäure
1 unbehandelte Zitrone
200 g Zucker

Nährwerte p. P.

8 kcal
0 g Fett,
2 g Kohlenhydrate
0 g Eiweiß

1 Sammeln Sie 20 schöne, große Holunderblütendolden von einem Baum abseits von viel befahrenen Straßen. Achten Sie darauf, dass sich nicht zu viele verbräunte Blüten in den Dolden befinden. Schütteln Sie die Dolden gründlich aus, um möglichst wenige tierische Einwohner mit nach Hause zu nehmen.

2 Zuhause angekommen, schneiden Sie die dickeren Stängel ab, die grünen, frischen Stängel können Sie belassen. Nun die Dolden kurz in einem Wasserbad durchwaschen, um restlichen Schmutz zu entfernen. Baden Sie die Blüten jedoch nicht zu lange, damit sie nicht auswässern. Waschen Sie die Zitrone und schneiden Sie diese in Scheiben.

3 Geben Sie die Dolden und die Zitronenscheiben nun in einen großen Topf und bedecken Sie alles mit Wasser. Das Wasser sollte idealerweise knapp oberhalb der Holunderblüten stehen. Bedecken Sie den Topf mit einem Küchentuch und lassen Sie ihn zwei Tage bei Zimmertemperatur stehen. Rühren Sie gelegentlich um.

4 Nach Ablauf der zwei Tage rühren Sie ein letztes Mal um und holen die Holunderblütendolden und die Zitrone mit einem Schaumlöffel aus dem Topf. Sollten unerwünschte Rückstände im Sud zu finden sein, können Sie diesen nochmals durch ein feines Sieb laufen lassen.

5 Wenn Sie mit dem Zustand des Suds zufrieden sind, erhitzen diesen auf dem Herd und fügen nach und nach den Zucker hinzu. Lassen Sie das Ganze für ungefähr 10 Minuten ganz leicht köcheln, bis sich der Zucker vollständig aufgelöst hat. Achtung, es sollte nicht einkochen, sonst verdickt es zu Sirup!

6 Lassen Sie nun die Limonadenbasis abkühlen. Geben Sie ein paar Eiswürfel in eine Bowleschüssel, füllen Sie das Mineralwasser hinein und gießen Sie die Limonadenbasis hinzu. Servieren Sie die Limonade mit einem kleinen Holunderzweig im Glas.

LEMONIADA WINOGRONOWA

WEINTRAUBENLIMONADE

4 Port. | 10 Min. | Leicht

Zutaten

1 l Wasser (ggf. mehr, falls die Trauben sehr süß sind)
500 g helle, kernlose Weintrauben
2 EL Blütenhonig
10 Eiswürfel
Als Garnitur: einige halbierte Trauben, 4 Zitronenscheiben und/oder Minzblätter

Nährwerte p. P.

104 kcal
1 g Fett
21 g Kohlenhydrate
1 g Eiweiß

1 Waschen Sie die Trauben, behalten Sie ein paar schöne Exemplare als Dekoration zurück und geben Sie die Früchte zusammen mit dem Honig in einen Mixer. Für ca. 2 Minuten pürieren.

2 Streichen Sie die Masse durch ein feines Sieb, um Rückstände im Getränk zu vermeiden. Wenn Ihnen ein paar Stückchen nichts ausmachen, können Sie diesen Schritt natürlich auch überspringen.

3 Halbieren Sie die Zitronen, schneiden Sie von jeder Hälfte je eine dünne Scheibe ab (als spätere Dekoration) und pressen Sie den Saft aus.

4 Mischen Sie den Traubensaft und den Zitronensaft in einer Glaskanne oder einer Bowleschüssel, geben Sie die Eiswürfel hinein, gießen Sie mit Wasser auf und dekorieren Sie das Getränk nach Ihren Wünschen. Ein paar Weintrauben auf einen Strohhalm gespießt ergeben übrigens auch eine hübsche Garnitur.

Tipp: Wenn Sie keine Weintrauben mögen, können Sie stattdessen auch Himbeeren verwenden. Verfahren Sie genauso wie mit den Weintrauben, geben Sie aber 2 EL Zucker zusätzlich in den Mixer.